Mi primer libro de astrología

Mi primer libro de astrología

Aprende a leer tu carta astral

David Pond

Traducido por Tamara Arteaga y Yuliss M. Priego

KEPLER

Argentina – Chile – Colombia – España
Estados Unidos – México – Perú – Uruguay

Título original: *Astrology for Beginners*
Editor original: Llewellyn Publications
"Translated from" Astrology for Beginners: Learn to Read Your Birth Chart
Traducción: Tamara Arteaga y Yuliss M. Priego

1.ª edición Marzo 2022

Copyright © 20208 by David Pond
All Rights Reserved
Published by Llewellyn Publications
Woodbury, MN 55125 USA
www.llewellyn.com
© 2022 de la traducción *by* Tamara Arteaga y Yuliss M. Priego
© 2022 *by* Ediciones Urano, S.A.U.
Plaza de los Reyes Magos, 8, piso 1.º C y D – 28007 Madrid
www.edicioneskepler.com

ISBN: 978-84-16344-66-6
E-ISBN: 978-84-19029-51-5
Depósito legal: B-1.222-2022

Impreso por: Rodesa, S.A. – Polígono Industrial San Miguel
Parcelas E7-E8 – 31132 Villatuerta (Navarra)

Impreso en España – *Printed in Spain*

Para todos aquellos que buscan un mayor entendimiento de la vida a través del estudio de la astrología.

¡Que las estrellas os acompañen!

ÍNDICE

Índice de figuras

Tablas

Figuras

Agradecimientos

Me gustaría dar las gracias a mi hermana, Lucy Pond, que me introdujo en el maravilloso mundo de la astrología cuando yo no era más que un muchacho. Fue mi primera profesora de astrología y siempre le estaré eternamente agradecido por abrirme las puertas a lo que ha resultado ser mi vocación. También me gustaría dar las gracias a los muchísimos clientes que, a lo largo de los años, han compartido conmigo sus pensamientos más íntimos, permitiéndome aprender de ellos cómo se ha manifestado la astrología en sendas vidas.

Editar un libro sobre un tema tan complejo y lleno de términos específicos como la astrología no es tarea fácil. A este respecto, me gustaría expresar mi más sincero agradecimiento a Andria Friesen, propietaria de la Friesen Art Gallery en Ketchum (Idaho), por su disposición a leerse el primer borrador del manuscrito y ayudarme a verlo a través de los ojos de alguien completamente ajeno al mundo de la astrología.

Por último, me gustaría darle las gracias a mi mujer, mi compañera de vida y editora jefa, Laurie. Además de acompañarme a lo largo del proceso de creación de nuestro consultorio astrológico, sus aportaciones han resultado inconmensurables para poder terminar este libro. Tanto su disposición a debatir y ofrecer comentarios cuando empecé a redactar el manuscrito como su exquisito ojo crítico y detallista me han ayudado a moldear y darle forma a este libro.

Introducción

Cuando empieces a estudiar astrología, se abrirá la puerta a un conocimiento más profundo de ti mismo. La astrología es el lenguaje de las estrellas y las historias que ellas cuentan. El estudio de la astrología te enseñará el alfabeto de este lenguaje celestial, y al final serás capaz de interpretarlo y descubrir las historias que tu carta astral cuenta sobre ti y la conexión que compartes con una realidad mucho mayor de lo que somos conscientes. Al principio, es posible que los símbolos te resulten totalmente imprecisos y carentes de significado. Sin embargo, cuanto más indagues, antes te darás cuenta de que lo que estás analizando ya forma parte de ti. Comenzará a resultarte familiar y dejarás de pensar tanto en el «ahí fuera» y más en el «aquí dentro», y entonces comprenderás que la astrología solo te enseña el mapa de lo que ya forma parte de ti.

Mientras aprendes sobre tu propia astrología, descubrirás que estás conectado al universo de formas que jamás hubieras imaginado antes. Llegarás a averiguar el propósito de tu vida y entenderás que todo forma parte de un plan mayor. Al tomar conciencia de los detalles específicos de tu carta astral, empezarás a comprender por qué eres como eres: tus fortalezas y en qué aspectos de tu vida esperar tener éxito, así como tus debilidades y puntos vulnerables y cómo superarlos. Tu carta astral será capaz de mostrarte qué carencias emocionales tienes; tus tendencias intelectuales innatas; lo que valoras en una relación; la mejor manera de reafirmarte; a qué tipo de intereses te resultará gratificante y enriquecedor dedicarte; cómo lidiar con los problemas de confianza, y en qué aspectos ganar autoestima para poder triunfar.

Sí, tu carta astral es capaz de revelar hechos sorprendentes acerca de tu personalidad, e incluso las causas de problemas persistentes en tu vida y qué hacer para solventar todos esos problemas internos. A pesar de ser capaz de mostrarte tu verdadero yo, la astrología no puede revelar qué decisiones tomarás por tu propia cuenta. No somos marionetas manejadas por los planetas; existe el libre albedrío. La astrología solo nos muestra de qué se nos ha dotado, pero no lo que hemos hecho con ello. Siempre tienes a tu disposición caminos mejores y caminos más fáciles, y las decisiones son siempre cosa tuya.

Lo que la astrología puede hacer

He trabajado con miles y miles de personas y con sus cartas astrales durante más de cuarenta años y he aprendido que nunca debo creer que lo sé todo sobre una persona simplemente por haber analizado su carta astral. Una carta astral muestra el modelo intrínseco con el que nace una persona y una gran variedad de decisiones posibles.

Con el tiempo, he llegado a entender que cada carta astral es la indicada para cada persona que la vive. Es como si tu alma y tú hubieseis planeado ese patrón astrológico con el que naciste para reflejar las enseñanzas que tienes que aprender en esta vida. Aunque no puedo demostrar la validez de esta perspectiva, me gusta abordar la astrología con esa postura. Pensar así es indicación de que no hay cartas astrales buenas o malas; no hay signos buenos ni malos; no hay aspectos buenos ni malos. Cada carta se compone de planetas, signos, casas y aspectos que reflejan los modelos adecuados para que cada persona trabaje con ellos en esta vida. Es importante mantener esta postura antes de compartir tus conocimientos astrológicos con los demás. Cuando se enteran de que estás estudiando astrología, siempre hay alguien que quiere que le hables de su signo y su carta astral.

Es probable que cuando empieces a introducirte en la astrología tengas signos favoritos y otros que no te gusten basándote en experiencias con personas de dichos signos. Es normal, pero recuerda que cada signo tiene su gracia y cada planeta, una función positiva. Cuando estés listo para compartir tus conocimientos sobre astrología con otros, es recomendable adoptar esta actitud.

Cuanto más estudies la astrología, más encanto encontrarás en todos los signos, incluso en aquellos a los que te resistías al principio. De lo contrario, corres el riesgo de obtener solamente un conocimiento parcial y podrías transmitir esas experiencias y perspectivas negativas de dichos signos y su astrología a gente inocente. Sería toda una pena, pues lo que nos interesa es que todo el mundo descubra el máximo potencial de su carta astral, no que se queden con una mala impresión de sí mismos. Así que primero ponte el reto de hallar la belleza en cada signo antes de compartir tus conocimientos con los demás, y entonces honrarás un antiguo credo que reza: «Lo primero es no hacer daño».

Lo que la astrología no puede hacer

Dedicaremos la mayor parte de este libro a analizar lo que la astrología puede hacer por ti, pero considero que también es importante hablar al principio de lo que no puede hacer. Ya hemos mencionado la relevancia de permitir el libre albedrío, y las limitaciones de la astrología provienen de ese mismo libre albedrío. Además, me gustaría destacar otro elemento importante con base en mi experiencia. Durante todos estos años, nunca he visto que la posición de los planetas o el aspecto complicado de un signo en una carta astral no se haya tratado con maestría y no haya desembocado en una vida próspera y gratificante, incluso con las cartas que normalmente podrían considerarse «difíciles». El caso es que no hay cartas astrales malas por naturaleza (ni aspectos en ellas) que no se puedan trabajar para lograr encauzar un camino próspero.

Tu carta astral no te limita, aunque sí que es cierto que cada una muestra aspectos complejos, al igual que la vida presenta desafíos. Tu astrología no los crea, pero sí que puede desvelar la raíz de los problemas a los que te enfrentes por el camino y, sobre todo, qué hacer para resolverlos. ¡Siempre se puede! No pensemos en los aspectos complicados como limitaciones. Es más positivo verlos como pruebas que habremos de superar. Si lo haces, tendrás más libertad.

Los jóvenes de dieciocho años buscan sacarse el tan ansiado carné de conducir porque así consiguen más libertad y capacidad de desplazarse. Enfrentarse a aspectos complicados con esta actitud resulta útil: supera la «prueba» y tendrás más libertad sin los impedimentos que antes te resultaban molestos. Se podría decir que hay formas y formas, unas más fáciles y otras más efectivas, para lidiar con todos los aspectos de tu carta astral; los aspectos complicados mostrarán las habilidades que necesitas y puedes desarrollar para superar los desafíos.

Otra limitación de la astrología relacionada con el libre albedrío es que una carta astral no es capaz de revelar de qué conocimientos consta una persona o hasta dónde ha llegado en su camino evolutivo del descubrimiento. Una carta no muestra cuánto desarrollo propio ha logrado una persona por sí sola, como cuando se acude a terapia para resolver los problemas desde la raíz o cuando practicamos ciertos tipos de entrenamiento para tomar conciencia de ellos, como la meditación. Trabajar en uno mismo abre un mundo nuevo de posibilidades que no sería posible de no hacerlo.

Sí, tu carta astral formará parte de tu vida para siempre, y reflejará las situaciones que vivas, pero con el tiempo se te dará mejor trabajar con esa dinámica. En cuanto resuelvas los conflictos que aparecen en tu carta astral, serás libre de usar esa energía en aquello que prefieras. Evolucionarás.

Una persona que ha trabajado su yo interior está más preparada para resolver los problemas que aparecen en su carta astral, porque es ahí donde se da lugar el trabajo de la astrología: aquí dentro, y no allí fuera. Estudiamos los planetas del exterior, pero representan una constelación de fuerzas de nuestra propia consciencia. La clave para resolver los asuntos externos con los que lidiamos es aprender que son manifestaciones de problemas en nuestra consciencia. Esta es la mejor manera de usar la astrología: identificar los problemas, las decepciones y frustraciones y demás que, tal vez, estemos experimentando por fuera como algo cuya base está en nuestra propia consciencia, y después descubrir qué podemos hacer para resolverlos.

Buscar la causa interna de problemas externos te da algo sobre lo que poder trabajar y que poder controlar: tu propia consciencia y cómo reaccionar a la vida. Cuando veas a los demás y al mismísimo mundo como el fruto de tu felicidad (o frustraciones), habrás externalizado tu estado de bienestar por encima de aquello que no puedes controlar.

Este es uno de los beneficios principales del estudio de la carta astral: sienta las bases para que puedas llegar a conocerte tanto por dentro como por fuera.

Ser astrólogo profesional ha sido maravilloso y me ha brindado la oportunidad de ayudar a la gente a encontrar su verdadero camino y un estilo de vida satisfactorio para ellos, al igual que he hecho yo. Me encanta estar escribiendo este libro para enseñarte a aprender el lenguaje de la astrología y a descubrir más de tu verdadera naturaleza a través de la carta astral. No hace falta ser astrólogo profesional para beneficiarse de estudiar la carta astral de uno mismo. Con lo que aprendas en este libro, aun como principiante, obtendrás una valiosa perspectiva sobre por qué tú (y otras personas) sois como sois, así que ¡vamos allá!

1

La carta astral

Cuando se consulta la carta astral de una persona, también denominada «horóscopo» o «carta natal», siempre veremos los mismos componentes principales, que variarán según la persona:

- Los signos del zodiaco.
- Las casas (las doce divisiones del círculo, numeradas del uno al doce).
- Los planetas (incluyendo el Sol y la Luna).
- Los aspectos (las líneas que se aprecian en el centro de la rueda y que conectan a varios planetas en distintos ángulos geométricos).

En este libro analizaremos primero los signos, seguidos de los planetas, las casas y los aspectos. A continuación, hablaremos sobre la interpretación de la carta astral, y habrá también una sección que servirá de guía para que seas capaz de leer la tuya propia.

Los aspectos revelan si los planetas contiguos son complementarios entre sí o si son antagónicos. En este libro exploraremos solamente los aspectos mayores: la conjunción (0 grados), el sextil (60 grados), la cuadratura (90 grados), el quincuncio (150 grados) y la oposición (180 grados).

La carta astral es la ciencia dura de la astrología y se calcula basándonos en la astronomía del lugar donde se encontraban los planetas en la hora, fecha y lugar exactos de tu nacimiento. Por suerte, hoy en día existen programas informáticos y servicios en línea que pueden generar fácilmente tu carta astral (acude a la bibliografía para algunas opciones en internet). Cuando observes tu carta astral por primera vez, el conjunto de símbolos y números que verás probablemente no signifiquen nada hasta que aprendas qué representa cada uno de esos extraños símbolos. Es necesario memorizar primero el significado de cada símbolo y signo (tabla 1) y merece la pena practicar dibujándolos hasta que te resulte natural y hayas retenido su significado.

Todos los planetas y los signos aparecen en nuestra carta astral, así como en nuestra psique. Mientras estudies los planetas y los signos, hállalos en tu propia psique. Son arquetipos universales que habitan dentro de todos nosotros. Cuando estudies los signos uno a uno, resulta útil pensar en la gente que conozcas de cada signo, pero también hallarlos en nuestro interior. Aunque no tengas planetas sobre un signo en particular, ese signo seguirá estando en la cúspide (en el borde) de, al menos, una de las casas que aparezcan en tu carta astral, e influenciarán las actividades relacionadas con esa casa en particular.

Signo	Símbolo del signo	Planeta / Planetoide	Símbolo del planeta	Duración de la órbita
Aries	♈	Sol	☉	365 días
Tauro	♉	Luna	☽	28 días
Géminis	♊	Mercurio	☿	88 días
Cáncer	♋	Venus	♀	224,5 días
Leo	♌	Marte	♂	22 meses
Virgo	♍	Júpiter	♃	12 años
Libra	♎	Saturno	♄	28-30 años
Escorpio	♏	Urano	♅	84 años
Sagitario	♐	Neptuno	♆	165 años
Capricornio	♑	Plutón	♇	248 años
Acuario	♒	Nodo Norte	☊	19 años
Piscis	♓	Nodo Sur	☋	19 años
		Quirón	⚷	50 años

Tabla 1. Signos, planetas, símbolos y órbitas

Los componentes principales que conforman la carta astral se muestran en la tabla 1. Son, en esencia, el *quién, cómo,* y *dónde* de los personajes de la obra de tu vida. Me gusta pensar que tú eres el director de la obra. Los planetas son el reparto de actores con los que tendrás que trabajar; los signos son los personajes que cada actor habrá de representar; las casas son los lugares donde tendrán lugar las escenas, y los aspectos indicarán cuán complementarios o antagonistas son los actores entre sí. Tú eres el director, así que puedes moderar ciertos comportamientos de tu reparto y alentar otros como mejor te parezca, pero la carta astral muestra las características naturales de tus actores antes de empezar a trabajar con ellos.

Esta es una manera sana de abordar el estudio de los componentes principales de la astrología manteniéndolo todo en perspectiva. Como director de la obra, querrás conocer los puntos fuertes y débiles de cada uno de tus actores de reparto. Mientras examinas tu carta astral con los ojos del director de la obra de tu vida, considera a cada uno de los planetas los personajes con los que habrás de trabajar para crear una trama interesante y cohesiva.

El Sol es el protagonista, y su papel es primordial para que la trama pueda desarrollarse. La Luna es la actriz principal, y proporciona profundidad emocional y drama personal a tu obra. Mercurio es el narrador, y su papel es revelar la historia comunicándose con todos los demás personajes. Tu signo ascendente es el personaje, o máscara, que lleva tu protagonista a lo largo de la obra. Venus es la protagonista romántica, mientras que Marte es el personaje masculino y también romántico que demuestra su valía en el guion.

Júpiter es el benefactor de la obra, el que le abre las puertas y le da la oportunidad de crecer al protagonista. Saturno es la figura estricta de la autoridad con la que se topa tu protagonista y que dota de orden y estructura a la obra. Que, cuando se la contraría o ignora, trae dificultades y disciplina severa.

Urano es el visitante inesperado de la obra, cuya aparición trae consigo la perturbación, el caos y, en última instancia, cambia la dirección de la trama y da pie a acontecimientos inesperados en la historia. Neptuno es el típico personaje secundario femenino y misterioso que no sabes si terminará siendo tu amiga o enemiga. Es un misterio y revelará diferentes lados de su personaje dependiendo de cómo la abordes. Cuando la abordas con honradez, ilumina el camino y fortalece la fe de los personajes de la obra, pero cuando se la deshonra, se le falta el respeto o no se la trata con la dignidad que merece esta misteriosa sacerdotisa de la luz, alimentará cada fantasía e ilusión que tengan los personajes, llevándolos de forma inevitable al fracaso, a la desilusión y a la desesperanza que les sucede.

Plutón es la figura poderosa y siniestra que arroja una oscura sombra de intimidación y amenaza de muerte a la historia cuando nos la encontramos por primera vez. Por mucho que tus personajes intenten evitar a este maléfico personaje, sus métodos taimados y engañosos siempre socavarán cualquier intento de evitarlo hasta que al fin se le confronte y se convierta en un aliado más que en una amenaza. A la par que combaten a este siniestro enemigo para ponerlo de su lado, tus personajes desarrollarán un poder tremendo para superar sus propias debilidades y hallar el propósito y el sentido de su vida.

Comencemos el estudio de la carta astral con los signos.

2

Los signos del zodiaco

Los signos del zodiaco se llaman igual que las constelaciones, pero ni están conectados a ellas ni estas les influyen. Los antiguos babilonios clasificaron el zodiaco al dividir el cielo en cuatro estaciones con equinoccios y solsticios, con el comienzo de Aries alineado con el equinoccio de primavera, el primer día de esta. Así, el zodiaco y los signos están íntimamente ligados a las estaciones.

Los signos astrológicos son arquetipos de una consciencia colectiva que todos poseemos en nuestro interior. El zodiaco al completo forma parte de nuestra carta astral y de nuestra alma; los doce signos aparecen en algún lado de nuestra carta astral. Analizaremos cada signo como si fuese una persona con tales características, pero el signo del Sol no constituye a una sola persona en sí, sino que los demás planetas también pueden aparecer en otros signos. Los signos modifican la influencia del planeta en ese signo. Por ejemplo, todos tenemos a Mercurio y la capacidad de aprender, de pensar, de comunicar, pero el signo en el que esté Mercurio mostrará un aprendizaje y estilo de comunicación específicos. Aunque no tengas planetas en un signo en particular, ese signo sigue «rigiendo» al menos a una de las casas de tu carta (lo cual significa que ese signo está en el umbral de esa casa), así que te vendrá bien familiarizarte con todos los signos.

Te será útil tener a mano una copia de tu carta astral mientras analizas cada uno de los signos, para que veas cuáles aparecen en ella. El signo que rige cada casa te dirá en qué aspecto de tu vida te resultará importante.

Verás que las características de cada signo no se han escogido al azar, sino que nacen del orden en que un signo lleva a otro en un ciclo. Los significados de cada uno se basan en una combinación del *elemento*, la *cualidad* y la *polaridad* de dicho signo. Hay cuatro elementos con tres signos cada uno, tres cualidades con cuatro signos y dos polaridades con seis.

Los atributos de los signos

Hay una famosa cita que se le atribuye a Sherlock Holmes como respuesta a la pregunta de su asistente sobre cómo es capaz de resolver un misterio en particular: «Elemental, querido Watson». Es entonces cuando comienza a explicar cómo ha sido capaz de deducir la solución a partir de las pistas del crimen; si entiendes los elementos base, serás capaz de deducir el sentido a una escala mucho mayor. Es lo que sucede con la astrología: si se aprende el significado fundamental de los cuatro elementos en los que recaen los doce signos, te resultará más fácil adivinar el significado de cada uno. Al dividir los doce signos en cuatro elementos, salen tres por elemento, ordenados en un patrón recurrente de fuego, tierra, aire y agua (figura 1).

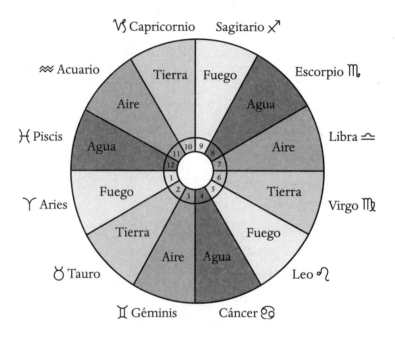

Figura 1. El ciclo de los cuatro elementos: fuego, tierra, aire y agua

Cada uno de los tres signos de un elemento específico compartirá los atributos de dicho elemento. Aprenderemos a distinguir los signos gracias a la cualidad y la polaridad de cada uno, pero será el elemento lo que muestre la naturaleza de cada signo. El ciclo de los cuatro elementos comienza así:

Aries: Fuego
Tauro: Tierra
Géminis: Aire
Cáncer: Agua

Y, a continuación, el ciclo se repite con los siguientes cuatro signos del zodiaco:

Leo: Fuego
Virgo: Tierra
Libra: Aire
Escorpio: Agua

Y, una vez más, con los cuatro últimos:

Sagitario: Fuego
Capricornio: Tierra
Acuario: Aire
Piscis: Agua

Los tres signos de cada elemento comparten atributos en común y por eso son parecidos.

Cada signo tendrá su propio elemento, cualidad y polaridad (tabla 2). Una vez vayas aprendiendo el significado de cada uno, serás capaz de combinar palabras clave para cada combinación que te ayudarán a conocer más el signo.

Signo	Elemento	Cualidad	Polaridad
Aries	Fuego	Cardinal	Positiva/Yang
Tauro	Tierra	Fija	Negativa/Yin
Géminis	Aire	Mutable	Positiva/Yang
Cáncer	Agua	Cardinal	Negativa/Yin
Leo	Fuego	Fija	Positiva/Yang
Virgo	Tierra	Mutable	Negativa/Yin
Libra	Aire	Cardinal	Positiva/Yang
Escorpio	Agua	Fija	Negativa/Yin
Sagitario	Fuego	Mutable	Positiva/Yang
Capricornio	Tierra	Cardinal	Negativa/Yin
Acuario	Aire	Fija	Positiva/Yang
Piscis	Agua	Mutable	Negativa/Yin

Tabla 2. Signos, elementos, cualidades y polaridades

Los cuatro elementos

Hay cuatro elementos que puedes comparar a las cuatro naturalezas a través de las cuales funciona la psique humana: fuego, aire, tierra y agua.

Fuego: Aries, Leo, Sagitario: Los motivadores

El fuego emite calor, energía y luz, y otorga a cada persona de estos signos una naturaleza enérgica, llena de vida, cálida y radiante. Los signos de fuego muestran muchas ganas de vivir, como si la vida fuese una experiencia opcional en lugar de una obligatoria. El fuego es espíritu, y la gente con el elemento fuego lo emanan cual luz; un flujo de espíritu creativo que capta la atención de su brillo. Al igual que el fuego necesita combustible para seguir ardiendo, los signos de fuego necesitan actividades para alimentar esas personalidades animadas y entusiastas. El elemento fuego infunde a la persona seguridad sobre sus capacidades y le hace creer que, si hay alguien que puede conseguirlo, es dicha persona. El fuego alimenta la inspiración de tipo creativo y los signos de fuego prosperan ante dicha inspiración, proyectando esa energía creativa en todo cuanto hacen.

La seguridad y disposición de actuar normalmente conduce a posiciones de liderazgo para los signos de fuego, y estos los aceptan de buen grado.

Un exceso de fuego puede conllevar una personalidad dominante y una concentración excesiva en uno mismo, así como una necesidad de atención insaciable. Ser incapaz de descansar y relajarse puede provocar ciclos de agotamiento periódicos si se exceden en el trabajo durante demasiado tiempo. Las personas con demasiado fuego en su personalidad pueden abrumar a otras debido a su necesidad de que todo sea especial o drástico; son incapaces de relajarse sin más.

La falta de fuego conlleva una falta de confianza e iniciativa. La gente fogosa sigue los caminos que quiere debido tanto a la confianza en sí mismos como a su competencia, mientras que la falta de fuego es evidencia de que prefieren llegar a ese punto por competencia y no por confiar en sí mismos.

No resulta extraño que alguien con falta de fuego entable una relación con alguien que tiene bastante. A menudo funciona así en una carta astral: atraes a alguien que tiene el elemento que te falta.

Tierra: Tauro, Virgo, Capricornio: Los constructores

Los signos de tierra son personas realistas, lógicas, enfocadas en proyectos y manifiestan la inspiración obtenida por los signos de fuego. Lo hacen persistiendo y completando las tareas con paciencia y perseverancia. Los signos de tierra son los menos pretenciosos con respecto al resto de los elementos y valoran más que les aprecien que no que los adoren; son reales, sinceros y genuinos. Los signos de tierra son increíblemente habilidosos y competentes en costumbres, lo cual es otra razón más de su éxito. Parecen saber cómo funcionan las cosas en el mundo real y a menudo demuestran una capacidad asombrosa de sentido común. Estos signos se centran en las características de lo que les interesa y prefieren analizar la información que se puede integrar a la rutina para mejorarla.

Los signos de tierra valoran mucho el mundo material, las posesiones y su trabajo. Son sensuales, los elementos más personificados, los que dependen y aprecian lo que les muestran sus sentidos. Son capaces de demostrar un profundo agradecimiento por la propia tierra y su conexión con la naturaleza. Centrarse en sustentar, sostener y mejorar su mundo material puede conducir a un estilo de vida cómodo.

Un exceso de tierra puede provocar que una persona se hunda en sus rutinas y tal vez sea demasiado práctica para su propio bien. Los adictos al trabajo se centran demasiado en el elemento tierra, se vuelven unidimensionales y se pierden un montón de placeres de la vida que pueden ocurrir cuando se interrumpe esa rutina para explorar, expandir o profundizar las experiencias vitales de cada uno.

La falta de tierra equivale a una personalidad descentrada y la incapacidad de mantener un estilo de vida regular. Cuando se encuentra la falta de tierra en una carta astral, nace el deseo de llenar ese hueco y a menudo conlleva un enfoque más materialista. Algunas personas con falta de tierra muestran la capacidad de jugar con el mundo material como si de un juego del Monopoly se tratase, lo que provoca el fenómeno de «se gana mucho, se pierde mucho». Esa capacidad de tirar los dados con respecto a su situación financiera puede suponer un éxito repetitivo, pero sin la disciplina y persistencia de los signos de tierra, les puede costar mantener esa posición, por lo que se centrarían en otros intereses.

Otra forma en la que se muestra la falta de tierra en una carta astral es a través de las relaciones. La persona con escasez de tierra a menudo atrae a una pareja con bastante, y esa persona del signo de tierra mantendrá a la primera centrada en el presente.

Aire: Géminis, Libra, Acuario: Los comunicadores

Los signos de aire son los intelectuales y valoran el aprendizaje y el intercambio de comunicación. Al igual que el viento distribuye el aire, los signos también necesitan expandirse, prosperan durante un intercambio de ideas e información a través de las interacciones sociales. Los signos de aire contienen ansias de aprender y de mantenerse al tanto de las cosas, y a menudo se convierten en unos comunicadores excelentes; jamás se quedan sin ideas o temas de los que hablar. Libros, conversaciones y los medios de comunicación son las fuentes de información que ayudan a prosperar a estos signos.

Pueden ser aventureros y espontáneos, pero suelen tomar decisiones basándose en la lógica, no en las emociones. Tal vez parezcan distantes o fríos en comparación con la sensibilidad emocional de otras personas, dada la actitud que adoptan de «no es lógico que te sientas así». Los signos de aire pueden ser escurridizos al tratar de acorralarlos, y usarán su inteligencia y dotes de comunicación para cambiar el rumbo de la conversación si prefieren no hablar de algo.

Un exceso de aire puede conllevar que las emociones se vuelvan indiferencia, que la persona se «desconecte». El aire se puede dispersar, al igual que el viento cambia de rumbo, lo que causa que sea difícil acabar algún proyecto en particular. Dedicarse a otra idea puede resultar más atrayente que terminar algo que ya no nos llama tanto. Puede darse que este tipo de persona, muy habladora, atraiga a una pareja bastante callada que escuche pacientemente.

La falta de aire se manifiesta de formas distintas. Aquellos que muestran la carencia en su carta astral son muy «específicos» en cuanto a sus intereses, lo que significa que manifiestan un gran interés e inteligencia en ciertos temas en lugar de un interés general en todo. Otro ejemplo de falta de aire se da en la gente con ansias de aprender. Para confirmar que falta dicho elemento, estas personas tal vez acumulen libros o carreras, o encuentren a una pareja que suela mantenerse informada y los informe a ellos también. Aquellos que muestran falta de aire, normalmente se muestran incómodos en situaciones de interacción con la gente que requiere mucha comunicación y charla.

Agua: Cáncer, Escorpio, Piscis: Los emocionales

El elemento agua forma parte del terreno emocional, y los signos que pertenecen a él se supone que viven su vida sintiendo en lugar de pensando. Los signos de agua son los más introvertidos e introspectivos de todos y a menudo prefieren pasar tiempo a solas en lugar de acudir a eventos con gente. Debido a su naturaleza sensible, procesan internamente muchísima información y estar entre tantas personas puede resultarles abrumador. Estos signos sienten el trasfondo de lo que les sucede a los demás por dentro. Pueden ser compasivos y querer entender al resto, así como tener dotes artísticas y poéticas por naturaleza: son soñadores.

Se supone que los signos de agua han de explorar, vivir y procesar las emociones. Dicho carácter emocional los conduce a ser los signos más incomprendidos, y los demás elementos los ven como demasiado sensibles o temperamentales. Sin embargo, al igual que hay ciclos interminables de mareas bajas y altas en los océanos, los signos de agua también responden a estos cambios de forma positiva o negativa. Que estas personas del elemento agua vean sus ciclos emocionales como algo externo e interno más que como subidas y bajadas marca la diferencia, para no pensar que uno es bueno y el otro, malo.

Hay muchas actividades introspectivas que las personas con signos de agua pueden hacer, como leer ciertos libros, escuchar ciertos tipos de música, pasar tiempo a solas en la naturaleza y disfrutar de un tiempo de meditación preciso para cualquier actividad creativa. Estos signos necesitan tiempo a solas para asimilar las tantísimas emociones profundas que sienten. En ocasiones la gente malinterpreta este periodo introspectivo y tal vez les pregunten: «¿Va todo bien? Estás muy callado». Los signos de agua tienen que tolerar que a menudo la gente considere estar callado como algo malo. Tendrán que lidiar con esto de una forma u otra, ya sea resistiéndose, mostrándose taciturnos o analizándolo internamente de manera correcta. Estos signos se encierran en sí mismos durante la marea baja de su ciclo natural. La clave para su bienestar es encontrar actividades introspectivas positivas.

Los signos de este elemento valoran las conexiones personales con otras personas. Te conocen a través de su naturaleza empática, se compadecen de tu sufrimiento y celebran tu alegría.

Un exceso de agua en una carta puede conllevar un nivel elevado de hipersensibilidad que complica a estas personas identificar qué emociones son suyas y cuáles las de otros. Esto puede resultar abrumador y hacer que la persona se muestre taciturna e incapaz de dejar atrás situaciones dolorosas. El agua necesita fluir, y cuando los signos de agua se adhieren a una emoción en particular, pueden crearse complicaciones. La hipersensibilidad con respecto a los problemas de la gente puede causar que se transfiera la carga y se añada sufrimiento sin querer. La gente con demasiada agua puede sentirse demasiado sensible como para lidiar con la crueldad del mundo.

La falta de agua puede manifestarse como una falta de comprensión de los problemas emocionales y sentimentales de la gente, y tener la actitud de «¿Por qué no lo superas y pasas página?». Una persona con carencia de agua en su carta y que ha desarrollado compasión por la sensibilidad de otros podría servir como pilar y apoyo a otras personas durante crisis emocionales sin que se vean arrastradas por esa marea.

Las tres cualidades

Las cualidades (figura 2), también llamadas «modalidades», son los tres modos distintos de energía que influyen a los signos: cardinal (iniciativa), fija (consolidada) y mutable (adaptable). Cada cualidad forma parte de cuatro signos.

Cardinal: Aries, Cáncer, Libra, Capricornio
Fija: Tauro, Leo, Escorpio, Acuario
Mutable: Géminis, Virgo, Sagitario, Piscis

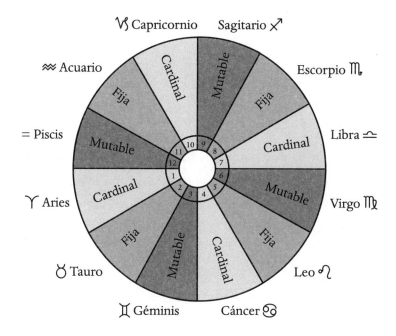

Figura 2. Las tres cualidades: cardinal, fija y mutable

Cardinal: Aries, Cáncer, Libra, Capricornio

Los signos cardinales comienzan cada una de las estaciones, y esto de iniciar, comenzar proyectos nuevos y dedicarse en cuerpo y alma a lo que hacen con intensidad es el sello distintivo de la energía cardinal. No dan su brazo a torcer ante un reto y persiguen sus sueños con tanto ahínco que pueden resultar desconsiderados a aquellos que se interpongan en su camino. Los signos cardinales quieren una vida activa y dinámica que satisfaga sus impulsos.

Fija: Tauro, Leo, Escorpio, Capricornio

Los signos fijos son los intermedios de cada estación (la culminación) y tal consolidación es el centro de la energía fija. Estos signos poseen una fuerza de voluntad muy desarrollada y no se les disuade de acabar sus planes fácilmente. Se mantienen en sus trece hasta el punto de mostrarse tercos en ocasiones, pero esta misma tenacidad les permite aferrarse a lo que creen y así terminar proyectos. Los signos fijos se resisten al cambio: les gusta la consistencia y se puede depender de ellos a la hora de defender sus valores.

Mutable: Géminis, Virgo, Sagitario, Piscis

Los signos mutables son el final de cada estación y marcan el fin de dicha estación y la preparación para la siguiente. Esta capacidad de ver lo que se acaba y percibir lo que va a ocurrir hace que estos signos mutables sean los más amoldables a la hora de vivir cambios. Su forma de enfrentarse a los desafíos y a los obstáculos es adaptarse a la situación, aprender de aquello que está sucediendo y realizar cambios en sus planes en consecuencia. Esta adaptabilidad puede derivar en una falta de dirección y una tendencia a desechar planes con demasiada facilidad, perdiendo así el rumbo si se adaptan y se dejan llevar.

Las polaridades

También podemos dividir los doce signos en dos polaridades: positiva y negativa, con seis signos para cada patrón. Las polaridades también pueden denominarse masculina/femenina o yang/yin para describir el ciclo alterno que muestran estos signos.

Los signos de fuego y aire son positivos/energía yang, y los de agua y tierra son negativos/energía yin.

Yang/masculina/positiva: Los signos de fuego y aire: Aries, Géminis, Leo, Libra, Sagitario y Acuario. Estos signos tienden a una naturaleza más extrovertida, abierta y positiva.

Yin/femenina/negativa: Los signos de tierra y agua: Tauro, Cáncer, Virgo, Escorpio, Capricornio y Piscis. Estos signos tienden a una naturaleza más introvertida, cerrada y receptiva.

3

Los doce signos

Estas son las fechas aproximadas de los signos solares del zodiaco. Son aproximadas dadas las irregularidades de nuestro calendario, así que las fechas de cada signo bien podrían variar uno o dos días según el año.

Aries: del 20 de marzo al 22 de abril aprox.

Tauro: del 21 de abril al 22 de mayo aprox.

Géminis: del 21 de mayo al 22 de junio aprox.

Cáncer: del 21 de junio al 22 de julio aprox.

Leo: del 21 de julio al 22 de agosto aprox.

Virgo: del 21 de agosto al 22 de septiembre aprox.

Libra: del 21 de septiembre al 22 de octubre aprox.

Escorpio: del 21 de octubre al 22 de noviembre aprox.

Sagitario: del 21 de noviembre al 22 de diciembre aprox.

Capricornio: del 21 de diciembre al 22 de enero aprox.

Acuario: del 20 de enero al 19 de febrero aprox.

Piscis: del 18 de febrero al 21 de marzo aprox.

♈ ARIES

Símbolo: El carnero

Elemento: Fuego

Cualidad: Cardinal

Polaridad: Positiva/Yang/masculina

Planeta: Marte

Asociación corporal: Cabeza, cara, ojos, cerebro

Frase clave: «Tomo la iniciativa»

Afirmación positiva: «Si puede hacerse, puedo hacerlo».

Lema peligroso: «Cuanto más rápido, mejor».

Esencia

Aries es el primer signo del zodiaco y es el principio de todo. Aries es el signo cardinal del fuego y de los que prefieren tomar la iniciativa siempre. Los Aries sienten una fuerte necesidad de seguir su propio instinto. No están hechos para seguir a los demás. Su dirección procede de ellos mismos, les guste a los demás o no. Como el primero de los signos, a los Aries les encantan los nuevos comienzos. Se los conoce por ser extremadamente intensos respecto a sus intereses actuales, aunque también se aburren muy rápidamente, sobre todo cuando ya no son tan novedosos ni emocionantes y descubren alguna otra cosa nueva.

Los Aries no siempre saben la razón por la que toman ciertos caminos ni a dónde podrían llevarlos, pero sí que perciben y notan qué es lo que deben hacer. Seguramente sea cierto que, a lo largo de su vida, cometen más errores que la mayoría por no seguir los consejos de los demás; no obstante, también es cierto que podrían vivir más experiencias nuevas y emocionantes debido a confiar y seguir su instinto.

El planeta regente de Aries es Marte, que les otorga el coraje de decir la verdad y de ser fieles a sus creencias. El carnero de Aries no tiene problema en darse de cabezazos o enfrentarse a los demás cuando las cosas se ponen difíciles. Aries necesita solucionar los problemas que surgen de inmediato y no son dados a posponer una conversación importante para otro momento mejor. Para los Aries, cuanto antes se solucionen los problemas, mejor. Normalmente sabrás qué esperarte de este signo, porque básicamente te lo dirán. Aries prefiere dejar las cosas claras a dejar que los problemas y malentendidos se vayan acumulando bajo la alfombra. Por suerte, los Aries no son rencorosos; en cuanto aclaran un malentendido o solucionan algún problema, están dispuestos a pasar página antes que dejar que algo del pasado los lastre.

Aries es un signo de fuego y el fuego necesita combustible. El combustible de Aries es la actividad. Los Aries son personas incansables y activas que, cuando no están haciendo nada, se sienten inquietos. Aries es un signo cardinal y siempre está dispuesto a tomar la iniciativa. Los Aries no se sientan a esperar a que las cosas sucedan.

Siendo Marte su planeta regente, a Aries a menudo se lo conoce por ser el signo del guerrero. Aunque no siempre se muestren como tal, los Aries necesitan luchar por sus ideales.

Necesidades

Los Aries necesitan una libertad considerable para seguir su propio camino. Si la vida se vuelve demasiado rutinaria y predecible, se pondrán nerviosos y alterados, una señal inequívoca de que necesitan tomar cartas en el asunto y empezar a vivir nuevas experiencias para no perder su vitalidad habitual. Aunque tengan familia y una carrera profesional a las que tengan que dedicarle bastante tiempo, los Aries funcionan mejor si no están coartados por un horario fijo y tienen espacio y tiempo para hacer lo que quieran, como quieran y cuando quieran.

Expresión creativa

Aries disfruta animando a los demás a sacar lo mejor de sí mismos y se siente cómodo en posiciones de liderazgo, sobre todo en lo referente a motivar e inspirar a los demás, pero no tanto en la labor de mantener el *statu quo*. Aries, conocido como «el pionero», quiere una vida en la que siempre pueda explorar sitios nuevos con la actitud propia de una cita que suele atribuírsele a Goethe: «La audacia tiene genio, poder y magia. ¡Comiénzalo!». Esta cita continúa diciendo que las distintas fuerzas se pondrán en movimiento para ayudarte a conseguir tu objetivo, pero primero tienes que comenzar; es el consejo perfecto para Aries.

Asociación corporal

Al igual que el Carnero de Aries tiene cuernos sobre la cabeza que usa para enfrentarse a la oposición, a los Aries se los conoce por ir siempre con la cabeza por delante. Sí, son obstinados y, cuando pierden el control, les salen chichones en la cabeza. Sus ojos brillan con la fiera emoción de la anticipación por lo que podría suceder a continuación.

Áreas en las que mejorar

La impaciencia, la impaciencia y, otra vez, la impaciencia. Aries es el signo más espontáneo de todos los signos del zodiaco, que es tanto su gracia como la fuente de todos sus problemas. No es que Aries se mueva demasiado rápido, es que el mundo no lo hace a su mismo ritmo. Para poder interactuar en armonía con los demás, Aries debe restringir esta tendencia a querer estar siempre en movimiento.

Empezar muchas cosas y terminar pocas puede venir de esa misma impaciencia por querer pasar a la siguiente. Es muy propio de Aries empezar muchas actividades solo para conseguir la experiencia y no necesariamente para seguir haciéndolas en un futuro, pero solo supone un problema cuando se dejan de lado tareas y proyectos importantes.

La espontaneidad de Aries añade una chispa a cualquier conversación, pero se emocionan tanto por la cantidad de cosas que quieren decir que pueden llegar a acaparar la conversación y no escuchar ni atender realmente a los pensamientos de los demás. A la par que Aries muestra un interés genuino en los demás (que es más propio de su signo opuesto, Libra), esta tendencia a interrumpir a los demás se reduce. Aries podría beneficiarse mucho si escuchase a los demás, si pensase en lo que alguien está diciendo desde la perspectiva de esa otra persona.

Comprueba dónde está Aries en tu carta astral para ver dónde necesitas tener el valor de reivindicarte y actuar según te dicte el corazón. Ahí es donde debes ser el pionero a la hora de iniciar nuevas actividades para añadir frescura y novedad a tu vida; el elixir de la vida de Aries. Ahí es donde podrías impacientarte e inquietarte si no tienes cierta libertad de actuar según tus deseos ni el valor para tomar las riendas de tu vida.

Comprueba dónde se encuentra Marte en tu carta astral por casa y signo para ver qué tipo de actividades facilitarían esta necesidad de Aries de tomar la iniciativa. Aries es el *lugar* al que necesitas llegar y Marte es el *modo* de reivindicarte y de empezar nuevos proyectos. Cuando te sientas bloqueado es cuando podrías experimentar conflictos de poder, y ahí es donde verás cómo expresar la ira en tales situaciones.

♉ TAURO

Símbolo: El toro

Elemento: Tierra

Cualidad: Fija

Polaridad: Negativa/Yin/femenina

Planeta: Venus

Asociación corporal: Garganta, cuello, cuerdas vocales, voz

Afirmación positiva: «Mejor despacio y bien,

que rápido y mal».

Lema peligroso: «Cuanto más tenga, mejor».

Esencia

Como signo fijo y de tierra que es, Tauro construye un mundo material cómodo con fija determinación y paciencia infinita. Tauro es el experto entre los demás signos del zodiaco y les gusta el trabajo bien hecho. Mientras que a los Aries les encanta empezar nuevos proyectos, los Tauro prefieren terminar primero el que tienen entre manos, antes de empezar otro nuevo. Lo que verdaderamente interesa a Tauro es construir algo de valor y crear seguridad y estabilidad en su vida.

Los Tauro dan mucho valor a sus posesiones y preferirían tener pocas cosas de calidad a un puñado de baratijas sin utilidad. Con Venus como planeta regente, Tauro tiene un gusto exquisito para todas las cosas que le interesan.

Hay dos niveles de Tauro: primero, la *adquisición*, y segundo, la *apreciación*. En el nivel de adquisición, los Tauro primero necesitan preparar su mundo material con los recursos adecuados para adquirir las posesiones que reflejen sus exigentes valores, gustos y su necesidad de seguridad, tan presente siempre en ellos. Se suele decir que a los Tauro les encantan los lujos, y podría ser cierto, pero los lujos, al igual que la belleza, dependen mucho del ojo con el que se miren. Para algunas personas, el lujo podría ser sinónimo de vivir en un notorio ático, pero para otros, el lujo podría ser simplemente ser dueño de una simple cabañita en el bosque; todo depende del gusto y de los valores de cada uno.

El segundo nivel, el de apreciación, no ocurre automáticamente al conseguir un mundo material abundante y de seguridad. Todos conocemos a personas que viven en la abundancia, pero no parecen disfrutar de ella. Tener muchas posesiones no implica necesariamente el disfrute de estas. Algunas personas presentan un talento natural para apreciar hasta los placeres más pequeños de la vida, pero a la mayoría no le vendría nada mal aprender a desarrollar esta capacidad. Un abrazo, una preciosa vista de la naturaleza, escuchar algo bonito o saborear algo delicioso son algunas de las muchas oportunidades que hay para desarrollar el nivel de apreciación de Tauro. Vale con disfrutar conscientemente de los momentos más agradables.

Por mucho que Tauro planee, trate de alcanzar o desee la apreciación, esta solo llegará si se detienen realmente a disfrutar de los mejores momentos que se le presentan en la vida. Esto activa la energía de Venus, la ley de la atracción, y al recrearte en los momentos más placenteros, más momentos así atraerás a tu vida.

Aprende a apreciar las experiencias y a disfrutar de los momentos más agradables y divertidos cuando se te presenten. Esto activará a Venus, el planeta de la atracción, que atraerá a gente, situaciones y más oportunidades para sacar el máximo partido a tu vida. Simplemente pasa más tiempo disfrutando de todos los buenos momentos que vivas y empezarás a atraer más a tu vida. Con Tauro, todo va sobre aprender a disfrutar y apreciar la vida.

Necesidades

Los Tauro necesitan sentirse seguros y, a la larga, deberán valerse de su propio ingenio para asegurar su bienestar material y, en el mejor de los casos, la abundancia. No se sienten cómodos confiando en que otros les provean esa seguridad que anhelan, y necesitan ser autosuficientes para poder sentirla realmente. Más allá de la seguridad, Tauro busca la comodidad en todos los sentidos, ya sea en una relación, en su hogar o en el trabajo. Tauro necesita vivir sin complicaciones y siente una absoluta aversión por cualquier clase de intriga o incluso por los periodos de inseguridad.

Expresión creativa

Tauro ayudará a mejorar tu vida gracias al principio de «aprender a disfrutar y a apreciar la vida». Se deleita disfrutando de los momentos más placenteros que se le presentan en su día a día, activando así el magnetismo de Venus y atrayendo más momentos que disfrutar. Puede sonar muy simple, pero a Tauro le funciona. Al ser Venus, patrona de las artes, su planeta regente, Tauro a menudo presenta talento artístico y también un sentido innato para apreciar el arte y la belleza.

Asociación corporal

Tauro a menudo se ve bendecido con el don de la voz, y siendo Venus su planeta regente, el canto y todos los tipos de música pueden llegar a convertirse en una salida artística para ellos. Los Tauro parecen entender de forma intuitiva el valor del tono en la comunicación. La información que se transmite con tensión y nerviosismo tiene un efecto muy diferente a la que se hace con un tono de voz relajado y agradable. Tauro también es extremadamente sensible a identificar el tono de voz de otras personas y entiende más el mensaje por la entonación con la que se transmite que por las palabras propiamente dichas. Cuando los Tauro se encuentran decaídos o de mal humor, este hecho se vuelve evidente en el cambio de su voz.

Áreas en las que mejorar

La terquedad, la resistencia al cambio y el apego excesivo a personas y posesiones son los mayores problemas que podría tener Tauro, el signo del toro. Los Tauro pueden ser tan fuertes como un toro cuando se proponen conseguir algo, pero esta fuerza de voluntad puede llegar demasiado lejos y volverse más tercos que una mula, o un toro, en su caso. Es cierto que nadie puede obligar a los Tauro a hacer nada que no quieran, y eso es algo bueno, pero se convierte en un problema cuando se resisten al cambio, aun cuando es por su bien. Pueden quedarse atrapados en su propia rutina y experimentan una gran resistencia a cualquier cosa que no discurra conforme a lo que ya tenían planeado de antemano.

El apego es otra área en la que este signo ha de mejorar. A los Tauro les gusta la estabilidad y enseguida pueden coger cariño a las cosas que valoran y les importa. No obstante, la vida está llena de cambios, que, además, son inevitables, así que cuando estos escapan a su control, no renuncian fácilmente a la pérdida de cómo era su vida antes y se resisten a aceptarlos.

Comprueba dónde se encuentra Tauro en tu carta astral para ver las habilidades y talentos que debes desarrollar para conseguir la estabilidad y seguridad que necesitas. Ahí es donde podrás construir algo de valor y de calidad en tu vida, siendo fiel a tus ideales. Tauro también puede conseguir mejorar tu vida aprendiendo a disfrutar de los buenos momentos, y ya seas una persona paciente o no, tu casa Tauro es donde podrás centrarte en tus actividades con el mantra de «Mejor despacio y bien, que rápido y mal».

Comprueba dónde se encuentra Venus en tu carta astral por casa y signo para ver qué tipo de actividades pueden ayudarte a apreciar la vida y a conseguir la seguridad que necesitas. Aquí es donde atraerás a personas, situaciones y recursos a tu vida, y aumentarás tu propia habilidad Tauro para disfrutar la vida. Tu Venus por signo también te muestra la naturaleza de las cosas que más valoras y disfrutas.

♊ GÉMINIS

Símbolo: Los gemelos

Elemento: Aire

Cualidad: Mutable

Polaridad: Positiva/Yang/masculina

Planeta: Mercurio

Asociación corporal: Brazos y manos, pulmones,
sistema nervioso

Afirmación positiva: «Para una mente curiosa, en todas
las cosas y personas hay algo interesante».

Lema peligroso: «Cuanta más cosas lleve a la vez,
más plena será mi vida».

Esencia

Géminis es un signo mutable de aire de intelecto adaptable, lo cual describe perfectamente la esencia de este, que se ve estimulado por el aprendizaje de todo tipo. Al ser el signo de los gemelos, Géminis prevalece en la variedad y se aburre de la rutina. Estas personas a menudo poseen un intelecto impresionante y el famoso don de la conversación, que desemboca en la habilidad para meterse en líos y salir de ellos solos. Los Géminis son ingeniosos y positivos, grandes conversadores, y tienen mucho sentido del humor y bastante mano para evitar los conflictos. Persiguen la búsqueda intelectual según lo que encuentren fascinante en ese momento, y siempre que así sea, no perderán el interés. No obstante, en cuanto lo hacen, otra cosa llamará su atención y se centrarán, entonces, en ello. Géminis se vale de todos los medios de comunicación para alimentar su inmensa curiosidad. El entorno natural para ellos podría ser una mesita de noche con varios libros a medio leer y con muchos marcapáginas dentro, unas pocas revistas abiertas, el móvil, un ordenador portátil y una tele. No es raro para ellos estar leyendo dos o tres libros a la vez, fascinados por cómo se entrelaza la información entre ellos. Y esta es la clave para entender a Géminis: aprenden haciendo asociaciones y conectando la información que sacan de distintas fuentes.

Géminis tiene la reputación de ser el más hablador de todos los signos, siempre dispuesto a hablar con cualquiera de todo tipo de temas. Sin embargo, dependiendo de dónde se encuentren Mercurio, la Luna y su signo ascendente en la carta astral, muchos Géminis no son siempre habladores. Incluso sin ser parlanchines, Géminis seguirá poseyendo el rasgo dominante de la curiosidad.

Se dice que Géminis es abierto de miras, pero también es cierto que las diferencias no afectan a este signo tanto como a otros, y que pueden entablar una conversación con aquellos que difieran de su opinión solo porque esta les resulte interesante. Los Géminis se entretienen muy fácilmente y se distraen con la misma facilidad. Parte de la magia de este signo procede de su voluntad por interactuar y entablar conversaciones espontáneas, que los llevará a descubrir de forma fortuita todo tipo de información fascinante.

Necesidades

Géminis progresa recopilando información y comunicándose con los demás. Para ellos no solo es importante el tema de conversación en sí, sino también experimentar el flujo de información e ideas. Los Géminis precisan interacción social y sienten la necesidad de mantenerse informados. Requieren variedad en su vida para mantenerse llenos de vitalidad. El exceso de rutina es la absoluta ruina para este signo tan cambiante. A veces es mejor para ellos seguir con varios proyectos a la vez, intercalándolos como les place, en vez de seguir la sabiduría tradicional de hacer las cosas despacio y una por una. Aunque esto último podría funcionar para otros signos, Géminis puede completar tres o cuatro proyectos en la misma longitud de tiempo que aquellos que los hacen uno a uno. De un modo u otro, los proyectos se terminan. Esto, por supuesto, requiere que Géminis posea una capacidad de concentración importante para poder progresar con cada uno de esos proyectos y no simplemente saltar de uno a otro sin avance alguno.

Expresión creativa

En tu carta astral, Géminis es donde puedes seguir manteniendo el interés aportando nueva información a tu vida y permaneciendo abierto de miras, y sintiendo curiosidad por todo lo que se te presente en ese momento. Esa curiosidad innata rige todos los aspectos de la vida de Géminis, desde el más profundo al más profano, y no es moral ni inmoral, sino simplemente curioso. Géminis es donde puedes relacionarte con otros para permanecer informado, para ayudaros mutuamente y para cubriros las espaldas.

Asociación corporal

Este es el signo de la comunicación y Géminis usa a menudo las manos para comunicarse, haciendo gestos para enfatizar el mensaje. Como estos individuos suelen ser muy nerviosos debido a su excesiva actividad mental, el sistema nervioso es su talón de Aquiles. Cuando están de mal humor, el sistema nervioso agitado es su alarma. En cuanto a los pulmones, Géminis puede usar la respiración (como el yoga pranayama) o simplemente centrarse en ella cuando esté inquieto o nervioso. Cuando los Géminis se sienten ansiosos, dispersos o simplemente nerviosos, con tan solo respirar hondo de forma regular y rítmica pueden apaciguar y calmar su sistema nervioso.

Áreas en las que mejorar

«La consistencia es el duende de las mentes pequeñas», la famosa cita de Ralph Waldo Emerson, apoya la prerrogativa de Géminis de cambiar, ya sea de opinión, de decisión o de vocación. Aunque Géminis se siente cómodo con esta tendencia camaleónica, puede resultar exasperante para otros que los vean como personas inconsistentes en quienes no pueden confiar. Cumplir sus compromisos y promesas es una disciplina valiosa que deberá cultivar este signo si quiere compensar esa tendencia natural. Una afirmación sana para Géminis para construir una relación de confianza con los demás es: «Si he accedido a hacerlo, lo haré».

Perseguir fascinaciones y anhelar la variedad puede provocar que Géminis se disperse y no sea capaz de completar las tareas por culpa de ceder siempre ante las distracciones. Cuando esta actitud tan fortuita hacia la vida hace que los Géminis solo estén dispersos, un buen truco podría ser redactar una lista de cosas prioritarias que quieran llevar a término en tal día o cual semana, y que puedan consultar cuando necesiten concentrarse en lo más importante.

La indecisión es otro problema que plaga constantemente a este signo. La habilidad de ver ambas caras de la moneda confiere a Géminis su versatilidad, pero también la fuente de esa indecisión, que les dificulta aclararse y tomar decisiones. En esos casos, puede resultar útil alejarse de la situación y considerar la cuestión con una perspectiva y visión mucho más generales.

Comprueba dónde aparece Géminis en tu carta astral para ver en qué aspectos buscas variedad y necesitas estar siempre aprendiendo o haciendo cambios para mantener esa parte de tu vida con absoluta vitalidad. Ahí es donde necesitarás recopilar información para adaptarte a los constantes cambios de la vida. También es donde podrás tener el peligro de dispersarte y distraerte con facilidad a menos que controles esa naturaleza manteniendo los objetivos en mente.

Comprueba dónde aparece Mercurio en tu carta astral por casa y signo para ver los tipos de actividades que satisfarán tu necesidad de comunicación y aprendizaje. Tu casa y signo en Mercurio te mostrarán de dónde prefieres obtener información para alimentar tu casa en Géminis. Tu signo en Mercurio te mostrará en qué cosas sueles pensar más y cómo te gusta comunicarte. También los temas de conversación que prefieres y tu estilo de comunicación.

⊚ CÁNCER

Símbolo: El cangrejo (también el león marino)

Elemento: Agua

Cualidad: Cardinal

Polaridad: Negativa/Yin/femenina

Planeta: La Luna

Asociación corporal: Estómago, senos, pecho

Frase clave: «Siento».

Afirmación positiva: «Mi hogar estará donde esté mi corazón».

Lema peligroso: «Si no salgo de mi zona de confort, mejor».

Esencia

Como signo cardinal de agua, Cáncer busca las experiencias que alimentan sus necesidades emocionales y personales y las oportunidades para alimentar a otros. Cáncer es el primero de los signos de agua y se preocupa por desarrollar una seguridad personal y emocional. El símbolo del cangrejo revela el caparazón protector de este signo, que representa los claros límites personales de Cáncer: quienes estén en el interior del caparazón será a quienes revelará su naturaleza sensible, y quienes estén fuera de ese caparazón será de quienes necesitará protegerse. El símbolo del cangrejo, no obstante, no le hace justicia a Cáncer, y a mí me gusta usar el león marino como alternativa, que revela la naturaleza juguetona, cálida y cariñosa de Cáncer con la familia y la fiera protección de su territorio, particularmente durante la época de apareamiento.

Los signos de agua son los menos comprendidos por nuestra cultura, que mayormente ve las emociones como problemáticas y algo de lo que deberíamos desprendernos. Cáncer es todo emoción, y esas emociones serán la fuente de su fuerza pese a las creencias de nuestra cultura. Los Cáncer viven la vida *sintiendo* tanto como *pensando*. Sí, Cáncer puede parecer temperamental, pero decirlo no es más insulto que decir que el océano Pacífico también lo es. ¿Qué es mejor: la marea alta o la baja? Esa es una pregunta estúpida, puesto que las mareas en los océanos, al igual que en Cáncer, siempre cambian de manera rítmica. Cáncer, junto con cada uno de los signos de agua, necesita adaptarse a estos cambios de marea de un modo saludable, abordándolos preferiblemente como cíclicamente externos (extrovertidos) o internos (introspectivos) y no verlos como altibajos, ni buenos o malos.

Cáncer es uno de los signos más introspectivos del zodiaco, y el buen camino es dedicarse a actividades introspectivas saludables (tales como la lectura de ciertos libros, escuchar ciertos tipos de música, pasar tiempo consigo mismos, las actividades espirituales y la meditación) que serán el semillero de toda su creatividad. Mi suegro era Cáncer y le encantaba pasar tiempo a solas en su taller creando cosas que pudieran beneficiar a su familia.

Necesidades

Los Cáncer son personas que necesitan el contacto personal y crecen con los lazos más íntimos y familiares, a quien son extremadamente leales. Aunque no son siempre maternales, este signo siempre busca un lugar en el que sentirse como en casa. Los Cáncer son cautos en su mayor parte y rara vez toman decisiones que pongan en riesgo su seguridad. Se les da bien ahorrar y se sienten más seguros con un abundante almacén de comida y otras necesidades.

Cáncer es uno de los signos más empáticos, y sienten como suyas las emociones de los demás, tanto de humanos como de animales. Como signo que necesita ayudar a los demás, Cáncer ha de encontrar beneficiarios saludables para esta tendencia natural. Es importante para estos individuos hallar actividades que se centren también en ellos mismos para evitar llegar a ser excesivamente dependientes de otras personas cuando aparezca esa necesidad de apoyo. Ser dependiente para satisfacer ese ansia de recibir apoyo nos vuelve vulnerables a los caprichos de los demás. Por eso es tan esencial para este signo encontrar actividades que se centren en ellos mismos y que no sean dependientes del permiso o el apoyo de nadie más, como podría ser la jardinería, la cocina, la lectura o darse un baño caliente. Un amigo mío Cáncer escuchaba música, así como leía y escribía poesía para nutrir esa necesidad personal. El hecho de no necesitar el permiso o el apoyo de los demás es indispensable para estas actividades más individuales.

Expresión creativa

A Cáncer se le asocia a menudo con el hogar y la familia, los aspectos más personales de la vida. Puedes expandirte más allá de estos dos temas tradicionales e incluir otras actividades que te importen y que te gustaría nutrir, o ayudar a crecer, y proteger en el mundo exterior y que tengan un significado personal para ti. Donde aparezca Cáncer en tu carta astral es donde puedes permitirte iniciar actividades que son importantes para ti y te ayudarán a crecer.

Asociación corporal

Cáncer domina el estómago y los senos. La comida es simbólica para la necesidad de este signo de ser nutrido y alimentado por algo (el estómago) y su necesidad de ayudar y preocuparse por su familia. El apego de Cáncer a la comida como fuente de confort y alimento es tanto una bendición para ellos como su talón de Aquiles. Cuando los Cáncer estén decaídos, sentirán náuseas en el estómago, así como una indigestión, que es la clave de que necesitan controlarse la dieta. Cáncer tiende a dejarse llevar con la comida y no presta tanta atención a los alimentos saludables, algo que necesita equilibrar.

Áreas en las que mejorar

Si los Cáncer no han aprendido a abrazar su carácter emocional y a responsabilizarse de él, pueden proyectar a los demás las causas de todos sus estados de ánimo y emociones, como si dijeran: «Me siento mal porque ese o esa ha hecho o ha dicho X». Es esencial para este signo no externalizar las razones de su bienestar emocional. La necesidad de Cáncer de ser necesitado puede conducir a relaciones codependientes, que les puede atribuir un sentimiento de seguridad porque se sienten necesitados. Aunque este tipo de relaciones, al final, no son satisfactorias, porque no hay crecimiento cuando el foco de la relación está en las necesidades de uno u otro.

Comprueba dónde está Cáncer en tu carta astral para ver dónde necesitas sentirte emocionalmente seguro. Cuando necesites que te consuelen, allí es a donde deberás ir para satisfacer tu necesidad de ser consolado con cariño y afecto. Esa área es donde necesitarás definir tus límites; en definitiva, qué y quiénes son importantes para ti, y qué y quiénes no lo son. Lo que definas que se encuentra dentro de tu caparazón te protegerá como si fuese una propia extensión de ti mismo. Ahí es donde buscarás la seguridad emocional y, una vez la halles, serás extremadamente leal a ello y no desearás ningún cambio.

Comprueba dónde se encuentra la Luna en tu carta astral por casa y signo para ver qué tipo de actividades pueden resaltar su necesidad de seguridad emocional y plenitud. Tu casa en Cáncer es donde necesitas esa realización emocional, y tu signo lunar es *cómo* ayudas a los demás y cómo los demás te ayudan a ti. Tu casa lunar es donde necesitas adaptarte a las circunstancias cambiantes de la vida, y el signo es *cómo* te adaptas a ellas. Tu signo lunar es cómo expresas tus necesidades emocionales.

♌ LEO

Símbolo: El león

Elemento: Fuego

Cualidad: Fija

Polaridad: Positiva/Yang/masculina

Planeta: El Sol

Asociación corporal: El corazón y la parte inferior
de la columna vertebral

Frase clave: «Creo cosas».

Afirmación positiva: «Vive, ama y ríe en abundancia».

Lema peligroso: «¡El mundo es el escenario y yo soy
la estrella!».

Esencia

Leo es la necesidad de autoexpresión creativa en la vida. Es un signo fijo de fuego y tiene una voluntad de hierro. Magnífico, majestuoso, valiente y confiado, Leo vive la vida con un talento dramático, como si ellos vieran la vida como una oportunidad y no como una obligación. Con el Sol como su planeta regente, Leo en tu carta astral es donde necesitas brillar, y donde has de poner todo tu fuego creativo. Es donde esperas sacar el máximo partido de la vida, y mientras esperes lo mismo de ti como de los demás, esa actitud de «A lo grande, triunfe o fracase» funciona maravillosamente bien para los espléndidos Leo.

Los Leo no siempre son tan jactanciosos y fanfarrones como implica su reputación, pero sí son muy conscientes de su individualidad. Al igual que un actor que está a la altura de las expectativas de la audiencia, los Leo se nutren de la atención y se crecen cuando son el centro de esta. Los Leo necesitan ser una estrella en algún aspecto de su vida, donde llegarán a lo más alto. No llevan muy bien lo de ser segundones y no tienen interés en ser una más de las parejas con las que su amante esté saliendo. Ellos saben que son especiales y esperan que los traten como tal. Son muy leales y adoran a aquellos que los adoren a ellos.

Necesidades

Los Leo deben satisfacer tres necesidades antes de llegar a su máximo esplendor. Primero, el planeta de Leo es el Sol, el centro del sistema solar, así que los Leo necesitan ser un poco la estrella del espectáculo. Se nutren de los halagos; no les vale con ser los segundos. No nos quejamos cuando el Sol nos alumbra, y nos encanta cuando Leo está en su máximo esplendor. Segundo, este signo rige el corazón y la actividad cardiovascular, y Leo se sentirá mejor alrededor de personas de gran corazón. Tercero, Leo gobierna la Quinta casa de la diversión y la creatividad y necesita actividades asociadas con esta casa de forma regular: diversión, juegos, niños, romance y expresión creativa. ¡Vaya, unos deberes para nada pesados en cuestión de necesidades!

Expresión creativa

El lugar donde aparezca Leo en tu carta astral es donde debes poner tu espíritu creativo hagas lo que hagas y convertir lo ordinario en especial. El fuego creativo no solo se manifiesta en las artes. Ya sea en los negocios, criando a tus hijos, cocinando o planificando un fin de semana, el fuego creativo añade un ingrediente extra para hacer que todo resulte especial. «¿Qué puedo hacer para que esto sea más especial?» es una pregunta típica del espíritu creativo e increíblemente romántico de este signo. Los Leo gravitan hacia roles de liderazgo y se sienten muy cómodos llevando la batuta en todo tipo de situaciones.

Asociación corporal

Cuando los Leo lo dan todo en lo que están haciendo, proyectan la luz, la calidez y el brillo del Sol. Cuando no es así, su fuego se apaga, y un Leo poco comprometido en lo que sea que esté haciendo puede ser bastante huraño. Sabrás cuándo un Leo no hace las cosas de corazón: su luz no brillará igual.

Los Leo necesitan actividad cardiovascular regular para mantener sus corazones fuertes. También pueden experimentar dolores de lumbares cuando estén preocupados por el dinero o tengan problemas de seguridad. La postura, la postura, y la postura. Cuando Leo no está sentado o de pie y erguido, lo sabrán primero gracias al dolor lumbar que les recordará que han de salir de la mediocridad, levantar la barbilla y mostrarse orgullosos, majestuosos y espléndidos.

Áreas en las que mejorar

El orgullo es una hoja de doble filo para Leo. Cuando se sienten orgullosos de un logro o algo que han hecho bien, el orgullo es bueno. Cuando este interfiere en el signo es cuando conduce a una actitud defensiva que no tolera crítica ni guía ninguna sin oponer primero una fuerte resistencia. Los Leo se identifican muchísimo con su ego y sus propias opiniones sobre la vida, lo cual también les dificulta la comprensión de los puntos de vista de los demás durante los conflictos.

La lealtad es esencial para este signo. Leo no traiciona nunca a aquellos que le son leales, pero si dicha lealtad se pone en duda o se vulnera, Leo puede llegar a ser uno de los signos menos indulgentes de todos. Centrarse demasiado en uno mismo puede dar lugar a una personalidad déspota y autoritaria. Esto podría equilibrarse cuando Leo integra la actitud de Acuario en cuanto a su rol en la humanidad. Entonces, Leo brillará como una de las muchas estrellas en el teatro de la vida.

Comprueba dónde está Leo en tu carta astral para buscar el área de tu vida en el que necesitas brillar y ser una estrella, esperar lo mejor de la vida, y verter tu espíritu creativo en todas tus vivencias. Ahí es donde necesitas ser el rey o reina de tu mundo.

Tu casa Leo es donde quieres ir a por el oro y donde tienes el firme deseo de conseguir el éxito. Aquí es donde tiendes a recibir la mayor atención y reconocimiento por tus esfuerzos. Donde puedes expresarte con bondad, creatividad y con una voluntad de hierro para alcanzar el triunfo.

Comprueba dónde se encuentra el Sol en tu carta astral por casa y signo para las actividades que aumentarán tu energía vital. Con la luz del Sol iluminando esta área de tu vida, esta casa representa esa área con la que te sentirás fuertemente identificado, y de cuyas actividades te enorgullecerás especialmente. Dicha área ocupa gran parte de tu atención y la convertirás en algo vital y saludable para ti. Es un espacio donde querrás brillar y del que te sentirás especialmente orgulloso.

♍ VIRGO

Símbolo: La virgen (también el ciervo y la hormiga)

Elemento: Tierra

Cualidad: Mutable

Polaridad: Negativa/Yin/femenina

Planeta: Mercurio

Asociación corporal: Intestinos, bazo

Frases clave: «Analizo», «Soy perfeccionista».

Afirmación positiva: «Si aprendo lo mismo de cada error que de cada triunfo, nunca fracasaré».

Lema peligroso: «Estaré listo cuando todo esté perfecto».

Esencia

Virgo es un signo mutable de tierra (practicidad adaptativa) que busca realizar los ajustes necesarios para hacer la vida más armoniosa, efectiva y eficiente. El instinto de Virgo es mejorar las habilidades y talentos avivados en Leo y convertirlos en una destreza útil para ellos. Al ser Mercurio su planeta regente, Virgo tiene un intelecto audaz y entusiasta. Los Virgo analizan toda la información que tienen a su disposición, disciernen cuál es útil y cuál no y, por último, integran la que sí lo es.

A Virgo le gusta tomarse su tiempo planeando una tarea para llevarla a cabo de la manera más efectiva y eficiente posible, con un mínimo de pérdida de tiempo. A este signo le gusta ser útil y ayudar a los demás y no necesita que lo adulen por sus esfuerzos; prefiere simplemente la gratitud.

El símbolo de Virgo a menudo se relaciona con la virgen, que tiene una asociación preciosa al principio de pureza de Virgo, pero no muchos Virgo aspiran a ser vírgenes. Así que a mí también me gusta considerar el ciervo y la hormiga arquetipos apropiados para este signo. El ciervo es de naturaleza elegante, grácil y gentil, a menos que oiga un ruido que no deba estar ahí. Entonces obtenemos el síndrome del «ciervo asustado». Virgo es un signo amable y pacífico cuando todo va bien en su vida. Sin embargo, cuando algo se tuerce, tienen los mismos reflejos de los ciervos al percibir el peligro. Virgo está siempre en tensión y podría beneficiarse de algunos métodos de relajación, como puede ser la respiración.

La hormiga es de las criaturas más trabajadoras que existen. Nunca verás a una hormiga relajándose en la playa, igual que la naturaleza incansable y diligente de Virgo. Y al igual que una sola hormiga no presume de su individualidad, Virgo tampoco es un signo que prefiera llamar la atención. Aunque los Virgo a menudo pasan por personas tímidas, se debe más bien a que son de naturaleza humilde y modesta y no se encuentran tan cómodos siendo el centro de atención.

Los dos niveles de Virgo son la persona reparadora y la de mantenimiento. En el nivel de reparación, Virgo siempre está buscando algo que arreglar; por consiguiente, su atención estará en todo lo que esté roto y necesite arreglo, ya sea en términos de salud, seguridad o relaciones. En el nivel de mantenimiento, Virgo siempre va un paso por delante haciendo pequeños ajustes antes de que pueda presentarse cualquier problema para conseguir que todo siga funcionando a la perfección.

Necesidades

Los Virgo necesitan sentirse útiles y valoran mucho que agradezcan sus esfuerzos. Este signo siempre es muy autocrítico consigo mismo para poder seguir mejorando. Mientras que los otros signos son capaces de aceptar que todos nos merecemos un poco de amor propio, los Virgo necesitan ganarse esa autoestima consiguiendo mejorar día a día. En la historia de *Pinocho*, Pepito Grillo siempre estaba con Pinocho para recordarle amablemente cuándo necesitaba hacer ajustes en su vida para seguir mejorando y yendo por el buen camino. Para muchos Virgo, la voz que tienen en la cabeza y que los anima a seguir adelante y a seguir creciendo y mejorando no es Pepito Grillo, sino más bien Godzilla.

Es imposible convencer a un Virgo de tener autoestima; tienen que ganársela. Si empiezan el día con alguna clase de ejercicio (yoga, meditación o estudio), es como si Godzilla se tranquilizara y dijera: «Hoy te has ganado la autoestima. Sal y disfruta tu vida. Pero mañana nos veremos las caras otra vez». Así son los Virgo: solo consiguen la autoestima día tras día. Y funciona, día tras día.

Expresión creativa

Virgo es uno de los signos que saben apreciar las ventajas de tener una vida más manejable y que, de elegir, prefiere la simplicidad. Virgo se encontrará en una zona de tu carta astral donde puedes hacer que tu vida sea más eficiente y efectiva simplificando, simplificando y simplificando todavía más. Los Virgos hallan satisfacción ayudando a la gente que lo necesita. Su interés por mantener una buena salud puede conducir a un trabajo relacionado con la medicina o en el que pueda enriquecer a la humanidad. Virgo también siente afinidad por todos los ámbitos técnicos.

Asociación corporal

La función de los intestinos, que rige Virgo, es analizar toda la comida que nos llevamos al estómago, discriminando lo que es o no nutritivo para el cuerpo, integrando lo que sí lo es, y luego desechando el resto: la función de Virgo en todas las áreas de su vida. El bazo es un órgano importante en la purificación (Virgo) de la sangre para ayudar al sistema inmunológico.

El bazo también desempeña un papel en el proceso de Virgo en el cuerpo reciclando los glóbulos rojos y almacenando plaquetas y glóbulos blancos para cuando sean necesarios para el proceso de curación.

Áreas en las que mejorar

En tu carta astral, Virgo se localiza donde necesitas ser más autocrítico para poder seguir creciendo y mejorando, pero eso puede derivar en ser demasiado duro con uno mismo por los errores que hemos cometido a lo largo de los años. Un credo sano que debería adoptar Virgo para superar ese miedo al «monstruo de los errores» es el siguiente: «Si aprendo lo mismo de cada error que de cada triunfo, nunca fracasaré». Virgo es donde eres vulnerable a la «percepción del preparador», donde te sientes casi preparado para dar el paso, pero no hasta ocuparte de otras cuantas cosas más (solo una clase más, solo un título más, etc.). «Estoy casi preparado, pero no del todo».

Comprueba dónde está Virgo en tu carta astral para ver dónde necesitas discernir y analizar la información para usar tus recursos de la forma más efectiva y eficiente posible. Aquí es donde puedes ser bien la persona reparadora (siempre buscando arreglar cosas) o la de mantenimiento, que siempre está llevando a cabo los ajustes necesarios para que esta área de tu vida siga funcionando a la perfección.

Comprueba dónde se encuentra Mercurio (el planeta regente de Virgo) en tu carta astral por casa y signo para ver dónde puedes recopilar información para realzar tu necesidad Virgo de aprendizaje continuo. Esta área de tu vida es en la que más tiendes a pensar y sobre la que más conversas. Los asuntos de tu casa en Mercurio son donde tu mente se siente atraída de forma natural, y tu signo Mercurio revela cómo tiendes a comunicarte con respecto a esos temas.

♎ LIBRA

Símbolo: La balanza

Elemento: Aire

Cualidad: Cardinal

Polaridad: Positiva/Yang/masculina

Planeta: Venus

Asociación corporal: Riñones, región lumbar de la espina dorsal, glándulas endocrinas

Frases clave: «Encuentro el equilibrio», «Me identifico».

Afirmación positiva: «Disfruto resaltando la belleza y lo mejor de todo cuanto hago».

Lema peligroso: «Si estoy dispuesto a hallar el equilibrio, puedo traer paz y armonía a todas mis relaciones».

Esencia

Como el primero de los signos de relación, el principio más importante de Libra es aprender sobre sí mismo a base de cooperar con los demás. El símbolo de la balanza manifiesta el deseo de Libra de la justicia, la implicación honesta con los demás y el proceso de negociación para encontrar un punto intermedio y situaciones que beneficien a todos cuando tiene que lidiar con desavenencias. No le vale con solo desear que haya justicia en todas sus interacciones con los demás; como signo cardinal de aire, Libra debe estar dispuesto a involucrarse en el proceso de negociación en vez de simplemente ceder y conformarse con la paz a cualquier precio. Como su planeta regente es Venus, la diosa del amor y la patrona de las artes, Libra busca cultivar un gusto refinado por la cultura y la belleza en todas sus formas.

El aspecto y la presentación son muy importantes para este signo. Los Libra a menudo poseen un sentido agudo por el diseño y la apreciación de la estética de la vida, con una sensibilidad especial para el ambiente de escenario, sobre todo para la iluminación. Libra necesita luz y no prosperaría en un entorno oscuro y sin luz natural.

Necesidades

Los Libra descubren y aprenden sobre sí mismos a través de la imagen que reflejan cuando están con otros. Por consiguiente, necesitan la interacción y la evaluación de los demás para aprender sobre sí mismos.

La interacción social es obligatoria, puesto que Libra no es solitario. Gobernado por Venus, Libra se restaura y revitaliza viviendo experiencias refinadas. Este signo busca el equilibrio entre la belleza, el trabajo y los intereses sociales.

Los Libra necesitan desarrollar la confianza en su habilidad inherente de saber qué es lo verdaderamente justo y honorable en sus relaciones con los demás. Esto los ayuda a superar su tendencia natural a amoldarse a los demás y de buscar su aceptación.

Expresión creativa

Los gustos refinados de Libra conducen al interés cultural y al apoyo de las artes. La estética es importante para este signo y se refleja en su gusto refinado en las apariencias y la presentación de las cosas; su aspecto. El ambiente es particularmente importante para ellos, sobre todo en términos de luminosidad. Los Libra se nutren de la luz natural proveniente de las ventanas, de los tragaluces y las velas. Necesitan un ambiente estéticamente placentero para poder sacar lo mejor de ellos. Sus gustos se inclinan más hacia la elegancia sencilla que hacia la extravagancia.

Asociación corporal

Libra gobierna los riñones en el cuerpo humano. Los riñones no solo filtran los desechos de la sangre y crean la orina, sino que también desempeñan un papel esencial en el mantenimiento de una balanza (Libra) de fluidos, electrolitos y sales dentro del cuerpo. La región lumbar de la espina dorsal sostiene la caja torácica y toda la parte superior del cuerpo. La zona lumbar se curva hacia dentro de forma natural y es la base de una postura superior saludable. La piel del cuerpo protege el tejido interior más vulnerable, regula la temperatura corporal y elimina los desechos a través del sudor, y es el principal órgano sensorial para Libra.

Áreas en las que mejorar

Mientras que a menudo la transigencia es necesaria a la hora de tratar con otros, el deseo de Libra de estar en armonía puede conducir a que te conformes con demasiada facilidad con menos de lo que quieres para mantener la paz. En un sentido muy real de la palabra, deberías tratar la transigencia como un falso éxito. Libra es un signo cardinal, y aunque no tengas que luchar por la paz, sí que tienes que ser diligente para no conformarte con menos que lo mejor para ti. Es imposible llegar a un acuerdo mutuo si no empiezas a mirar más por lo que es relevante e importante para ti. Aprende a ser más diplomático, listo y persuasivo para abogar por tus ideales y conseguir un verdadero acuerdo mutuo donde todos salgan ganando, puesto que saber lo que es beneficioso para ti también tiene en cuenta los intereses de los demás.

La habilidad de Libra de ver los dos puntos de vista de un problema es un atributo noble que también puede conducir a episodios periódicos de indecisión en los que se duda continuamente sobre alguna decisión en particular. Aquí es donde tienes que buscar el equilibrio entre Aries (tu signo opuesto) y la habilidad de actuar según tus intereses personales. La indecisión entra en escena cuando te has olvidado de cómo defender lo que es mejor para ti. Recuerda preguntarte: «¿Qué quiero sacar *yo* de esta situación?».

Comprueba dónde se encuentra Libra en tu carta astral para ver dónde buscas compartir experiencias y relacionarte con los demás. Aquí es también donde deberás ser también el negociador, o si no terminarás conformándote enseguida por ese deseo de complacer a los demás. En esta área de tu vida es donde buscas la evaluación de los demás y no te sientes cómodo yendo por tu propia cuenta.

Comprueba dónde se encuentra Venus en tu carta astral por casa y signo para ver dónde y cómo atraes a la gente a tu vida y qué cualidades son importantes para ti en una relación. Venus es también tu sistema de evaluación, necesario para discernir lo que está en tu mejor interés y lo que no de todo lo que atraes hacia ti. Tu casa en Venus muestra dónde es mayor tu magnetismo, y tu signo Venus, las cualidades que te atraen de los demás y cómo recibes amor.

♏ ESCORPIO

Símbolo: El escorpión (también la serpiente, el águila,
la paloma y el fénix)

Elemento: Agua

Cualidad: Fija

Polaridad: Negativa/Yin/femenina

Planeta: Plutón

Asociación corporal: Órganos de reproducción y eliminación

Frase clave: «Deseo».

Afirmación positiva: «Busco experiencias intensas para crecer
y cambiar con ellas».

Lema peligroso: «La claridad aparece cuando llego al fondo
de lo que considero sospechoso».

Esencia

Mientras que a Libra, regido por Venus, le interesan las interacciones armoniosas con los demás, a Escorpio, regido por Plutón, le atraen más los procesos transformacionales profundos que ocurren a la hora de interactuar con otros. Como signo fijo de agua, Escorpio alberga fuertes emociones, pero prefiere mantenerlas ocultas. «Las apariencias engañan» describe muy bien esta tendencia de Escorpio. De cara a los demás, los Escorpio pueden mostrarse muy controlados, sin revelar nada de ellos, aunque por dentro las emociones fluyen como peligrosas corrientes de agua. En muchos sentidos, Escorpio es el signo más complejo del zodiaco, razón por la que necesito cinco símbolos para comprenderlo.

El escorpión, el símbolo tradicional de Escorpio, tiene su aguijón, lleno del veneno de heridas pasadas, como medida de protección y que no deja a nadie acercarse demasiado. «Ni olvido, ni perdono» es el lema perfecto para este nivel de Escorpio: «Si ya te han hecho daño, no confíes en nadie o te lo volverán a hacer». Los problemas de confianza/desconfianza, abandono y traición son particularmente tóxicos para Escorpio en este nivel.

Escorpio domina la sexualidad, no solo el sexo, y la imagen de la serpiente enrollada ascendiendo por la espalda del yoga Kundalini muestra el conocimiento de Escorpio sobre la sexualidad a niveles físico, emocional, mental y espiritual: nadie puede mantener una aventura secreta sin que Escorpio se percate de ello. Estas personas pueden percibir la energía y por eso la confianza es tan importante para ellos en una relación.

El águila es bien conocida por su increíble percepción (tener ojos de águila) y Escorpio es un signo muy perspicaz; pocas cosas se le pasan por alto. Escorpio conoce las motivaciones de los demás y tiene un excelente detector de sandeces. Sabe cuándo las intenciones de los demás no son lo que aparentan ser.

El principal impulso que hay detrás de todos los deseos de este signo es el deseo de intimidad, sobre todo la intimidad emocional. Los Escorpio desean estar con otra persona de tal forma que se sientan lo suficientemente seguros para bajar todas las defensas y entonces explorar juntos el misterio que surge de la confianza plena. La paloma es el símbolo del descenso del espíritu y del poder redentor del perdón que mantiene el corazón abierto después de experiencias dolorosas. No es tarea fácil, ya que el nivel del escorpión les recuerda que nunca deben perdonar ni olvidar, o volverán a hacerles daño. En el nivel de la paloma, ven la futilidad de esta estrategia de aferrarse a antiguas heridas para protegerse de otras futuras. Como aferrarse a un montón de carbón ardiente para protegerse de las quemaduras.

El fénix es un ave mitológica que renace de sus cenizas: el símbolo de la transformación. Nunca descartes a un Escorpio, porque no solo pueden recuperarse, sino que también pueden transformarse si trabajan arduamente en sí mismos.

Necesidades

Como signo pasional de agua, Escorpio necesita experiencias emocionales intensas para sentirse vital y vivo. Pueden ser positivas, pero las negativas resultan más atractivas para ellos. Este signo alberga la «necesidad de fundirse» con los demás de forma física, emocional, mental o espiritual. Escorpio es el centro de los signos de relación, y sin profundas relaciones transformadoras, estos individuos se retraen y sufren de soledad. Ven la intimidad o el aislamiento como las dos únicas opciones.

Expresión creativa

Donde esté Escorpio en tu carta astral es donde podrás ser calculador a la hora de tomar riesgos para fundir tus recursos con los de otros para obtener un beneficio mutuo. Tras esforzarse por mantener el corazón abierto, los Escorpio pueden buscar profundizar sus intereses, sean cuales sean. La intimidad proviene de la palabra latina con el significado de «lo más íntimo» y es un área de tu vida donde podrás ver el lado más profundo de lo que esté aconteciendo. Escorpio puede ser un sanador excelente, con el conocimiento de lo que está sucediendo bajo la superficie.

Junto con todo ese trabajo de curación e inversión, los Escorpio son excelentes en todo tipo de trabajos de investigación, con esa pasión natural por indagar todo lo posible en sus investigaciones.

Asociación corporal

El legendario interés de Escorpio por la sexualidad se realza con su dominio sobre el sistema reproductivo. Cuando los Escorpio están decaídos con su sexualidad, su brújula está manipulada, y deben equilibrarla para que esta no ocupe sus pensamientos de manera excesiva.

El colon, el recto y el tracto urinario del sistema digestivo y urinario eliminan los desechos y las toxinas del cuerpo y se identifica con la necesidad de Escorpio de eliminar los desechos tóxicos y emocionales de su campo de energía para estar sanos.

Áreas en las que mejorar

El escollo principal de Escorpio es su tendencia a ser muy rencoroso, como si esa fuera una buena técnica de protección. La tendencia a no dejar de echar en cara cosas a los demás mantiene a estos individuos estancados en el pasado. Es esencial que aprendan a perdonarse a sí mismos y a los demás por errores pasados. El mero hecho de perdonar a otros o a sí mismos sin el requisito de reflexión inherente no sirve de nada: el corazón permanecerá cerrado. Te hará falta una fuerza de voluntad importante para analizar tu participación en cualquier situación. ¿Cómo has contribuido al problema y cómo podrías haberlo gestionado mejor? Este tipo de preguntas no son fáciles de responder, puesto que revelan los aspectos menos honorables de uno mismo, pero son necesarias para poder abrir tu corazón.

Comprueba dónde se encuentra Escorpio en tu carta astral para ver dónde necesitas ser calculador sin la necesidad de mostrarte desconfiado. Esa área de tu vida es donde necesitarás experimentar una transformación más profunda para alcanzar la intimidad que anhelas. Escorpio es donde experimentarás la intimidad o el aislamiento dependiendo de tu habilidad para mantener el corazón abierto.

Comprueba dónde se encuentra Plutón en tu carta astral por casa y signo para ver dónde es más probable que tengas motivaciones subyacentes que influencien tu comportamiento y que necesites transformar para experimentar la llamada de tu vocación. Plutón gobierna el inframundo de los secretos y los misterios. Es como un volcán que saca a la superficie ese material volcánico del subconsciente. A un nivel inferior, este planeta representa todo tipo de comportamiento oculto, mientras que el nivel superior revela tu propósito verdadero, que se vuelve evidente conforme aprendes a rendirte al poder superior que te envuelve. El dicho espiritual «Hágase no por mi voluntad, sino por la tuya» habla de este proceso de rendición, y no rendición como abandono o renuncia, sino más bien como claudicación al poder superior que te mueve y al que no guía el ego.

♐ SAGITARIO

Símbolo: El centauro

Elemento: Fuego

Cualidad: Mutable

Polaridad: Positiva/Yang/masculina

Planeta: Júpiter

Asociación corporal: Muslos, hígado

Frase clave: «Me expando a través de la exploración».

Afirmación positiva: «Llego a conocer una verdad mayor tomándome la vida como una aventura y explorando más allá de los límites previamente impuestos».

Lema peligroso: «¡Nunca hay demasiado de lo bueno!».

Esencia

Después del intenso trabajo interior de Escorpio, Sagitario, regido por el planeta Júpiter, sigue la actitud de «Debe de haber más en la vida que lo que acontece en mi interior y en mis antiguas heridas, ¿qué más puedo vivir y experimentar?». De este modo, la actitud del aventurero nace con Sagitario, al igual que la necesidad de explorar más allá de los límites existentes. El centauro es un medio caballo, medio humano con un arco y una flecha. El aspecto de caballo de Sagitario necesita pasar tiempo en el exterior, con mucho movimiento físico. El humano está lanzando flechas hacia sus amplios objetivos. Sagitario es un buscador de la verdad y nunca miente. Viajar, la educación superior, la religión y los profesores, así como las enseñanzas que expanden la actitud filosófica de la vida, son los pasatiempos favoritos de Sagitario.

Regido por Júpiter, el planeta de mayor tamaño, Sagitario tiene tendencia a expandirse en todo lo que hace, a veces demasiado. Desde el desenfreno hasta la espiritualidad, Sagitario vive la vida con entusiasmo. Como signo mutable, cambiable y adaptable con muchas flechas en su carcaj, Sagitario puede dispersarse si lanza demasiadas a la vez. La frase «tener muchos frentes abiertos» describe esta tendencia.

Como buscador de la verdad y emisor de la verdad, a Sagitario se lo conoce por ser directo y franco y podría beneficiarse de desarrollar un poco de tacto y discreción para equilibrar esta tendencia a expresarse de forma tan inadecuada. Sagitario confía plenamente en sus habilidades y llega lejos en la vida gracias a esa confianza que tiene en sus capacidades.

La influencia de Júpiter actúa sobre el buen humor y la naturaleza generalmente positiva de Sagitario. Júpiter también aviva la generosidad por la que se conoce a Sagitario.

Necesidades

Los Sagitario necesitan poner a prueba sus límites y sus creencias actuales constantemente, o corren el riesgo de volverse dogmáticos, fundamentalistas y creídos a la hora de promover sus creencias. Por eso viajar, la filosofía, la educación superior y las religiones son importantes para exponerlo a otros caminos de la verdad. Los Sagitario necesitan un poco de espacio en sus vidas para poder explorar. Como signo de fuego regido por Júpiter, albergan un apetito voraz por las distintas vivencias y tienen tendencia a decir que sí cuando les ofrecen disfrutar de nuevas experiencias.

Expresión creativa

Sagitario está bendecido con una tendencia natural a ver las cosas con un prisma positivo y siempre está al acecho de oportunidades que puedan presentarse de improviso. Este signo puede ver dónde limitan sus experiencias las creencias de los demás y pueden ayudarlos a ir más allá de sus prejuicios, inclinaciones y cerrados puntos de vista. Las profesiones de profesores, escritores, oradores motivacionales o *coaches* son ejemplos de formas creativas de usar su energía motivadora.

Asociación corporal

Sagitario domina las caderas y los muslos, que impulsan el espíritu aventurero de Sagitario a seguir adelante. Estos individuos necesitan mucho movimiento, ejercicio y tiempo fuera de casa bajo la luz del Sol, y su naturaleza despreocupada puede volverse irritable si se sienten encerrados durante mucho tiempo. El nervio ciático y los músculos isquiotibiales también están asociados con este signo, y su vulnerabilidad puede estar compensada con ejercicios de estiramiento propios del yoga. Sagitario también domina el hígado, que filtra, purifica y regula la sangre y crea bilis para facilitar el metabolismo de las grasas en la digestión. La tendencia de Sagitario a comer y beber en demasía puede sobrecargar el hígado y hacerlo vulnerable a enfermedades. En general, los Sagitario son gente robusta que disfrutan de buena salud.

Áreas en las que mejorar

La tendencia de Júpiter a creer que nunca hay demasiadas cosas buenas es la causa de muchas dificultades a las que se enfrentan los Sagitario. Esto puede conducir a la inmoderación de todo tipo, desde indulgencias, hasta decir que sí a demasiadas cosas, o abrumar a otros con, digamos, demasiado de todo. El otro problema en el que los Sagitario necesitan trabajar habitualmente es en atemperar esa tendencia que tienen a meterse en demasiados proyectos e intereses a la vez y terminar muy pocos de ellos. En el carcaj de un Sagitario no hay solamente una flecha, y sería un buen ejercicio tener siempre una de las muchas que encuentran objetivo antes de lanzar más hacia otras metas.

Sagitario tiene una reputación legendaria de ser directo hasta el punto de llegar a ser insensible y podría beneficiarse si desarrollara un poco de tacto y consideración por los demás antes de disparar las flechas.

Comprueba dónde se encuentra Sagitario en tu carta astral para ver dónde puedes expandir tus límites y abrirte a nuevas experiencias para ampliar tu aprendizaje. Sagitario adopta una actitud de «Bueno, malo o indiferente, aprendemos a través de las vivencias, así que di que sí a la vida». Esta área de tu vida es donde necesitas experiencias para crecer más allá de tus creencias, adoptando la actitud de un aventurero; siempre al acecho, siempre pendiente y en busca de oportunidades que pudieran presentarse de improviso.

Comprueba dónde se encuentra Júpiter en tu carta astral por casa y signo para ver dónde y cómo puedes buscar oportunidades para mejorar tu vida; qué tipo de objetivos te sería gratificante perseguir y cómo deberías hacerlo. Júpiter también muestra lo generoso que te gusta ser con los demás, así como la forma de poder albergar una tendencia hacia la inmoderación que debe ser contenida por el conocimiento de Saturno sobre las limitaciones, las responsabilidades y los compromisos.

♑ CAPRICORNIO

Símbolo: La cabra montesa

Elemento: Tierra

Cualidad: Cardinal

Polaridad: Negativa/Yin/femenina

Planeta: Saturno

Asociación corporal: Rodillas, huesos, dientes

Frases clave: «Organizo», «Utilizo».

Afirmación positiva: «Me enorgullezco de la excelencia con que hago todo para perseguir mis ambiciones».

Lema peligroso: «El éxito proviene de mantener un control absoluto sobre mi vida».

Esencia

Tras las experiencias de Sagitario, regido por Júpiter, de perseguir objetivos y posibilidades infinitos, viene Capricornio, regido por Saturno, y su necesidad de cumplir esos objetivos. Como signo cardinal de tierra, la atención de Capricornio a menudo está puesta en el mundo material y persigue activamente asuntos del mundo o relacionados con su carrera profesional.

Los Capricornio comprenden como ningún otro el valor del compromiso, y una vez se comprometen con un proyecto, relación u objetivo, siguen con él con tremenda resiliencia.

Al ser el signo de la cabra montesa, Capricornio es donde buscas seguir adelante y superas los obstáculos hasta llegar al éxito. Como signo cardinal, Capricornio no sabe quedarse sentado, deseando que las cosas mejoren en su vida, sino que está constantemente organizando planes o siendo productivo para lograr acercarse con determinación hacia sus objetivos. Este signo es muy consciente de cómo funcionan los sistemas y de cómo encajan las tantísimas piezas para conseguir que ese sistema funcione de la mejor manera posible, ya sea una familia, un negocio o el Gobierno. Por consiguiente, los Capricornio son buenos en puestos de gerencia; no solo por su ambición, sino también porque son los que ven qué cargos deben trabajar juntos para completar un proyecto.

Se suele decir que los Capricornio nacen viejos y rejuvenecen con el tiempo. Todos los aspectos de su vida mejoran con la edad, y tienden a ser bastante longevos. Gracias a la influencia de Saturno, a menudo se muestran ansiosos o preocupados durante la juventud, lo cual mejora conforme empiezan a labrarse el éxito. Es como si la joven cabra montesa empezara en la base de la montaña en busca de la cima y se dispusiera a treparla con seria dedicación, consciente de lo difícil que será el ascenso. Una vez llega a la cima, Capricornio contempla todo lo que ha conseguido y se dice: «Pensé que disfrutaría de esto, ¡y así es!». La atención de este signo recae sobre asuntos prácticos, y tiene facilidad para hacer uso de todo lo que esté en su mano para favorecer sus ambiciones.

Necesidades

Al ser el signo de la cabra montesa, los Capricornio necesitan sentir que siempre están en pos del éxito. Capricornio va a trepar montañas, y preguntas importantes para hacerse a sí mismo son: «¿De quién es esa montaña que estás escalando? ¿Son las montañas que otras personas te han dicho que deberías subir? ¿O son las que tú personalmente disfrutas trepando?».

Capricornio está regido por Saturno y sus individuos oyen un «debería» muy fuerte en la cabeza. Siempre son conscientes de lo que deberían estar haciendo o qué reglas o protocolo hay en cada situación. La pregunta de dónde proceden esos «debería» es crucial. ¿Son de otra persona o nacen de ellos mismos? Los Capricornio hallarán éxito en su vida porque su orientación los llevará siempre en esa dirección, pero la cantidad de plenitud y satisfacción que ellos sientan por esos éxitos dependerá de la siguiente pregunta: «¿Es lo que tú querías o lo que otros querían?». El éxito vacío proviene de alcanzar la cima de las montañas que los demás esperan que subas o de hacer lo que, en teoría, deberías hacer. El verdadero éxito llegará tras perseguir las ambiciones que tú quieras alcanzar.

Expresión creativa

Capricornio es donde tomas las riendas de tu vida, donde te conviertes en el jefe, en el director ejecutivo y en el dueño de tu vida. Capricornio aparecerá en tu carta astral en un espacio donde necesitas contemplar las diferentes oportunidades que te interesa perseguir y ponderar los recursos que te harán falta para conseguirlo. Entonces, al ser el único dueño de tu vida, dispone lo mejor posible para hacer uso de esos recursos y así lograr tus objetivos.

Asociación corporal

A los Capricornio se los conoce por su estructura ósea, que les confiere una postura y presencia dignas. Cuando se preocupan demasiado por las responsabilidades, todo su sistema inmunitario se ve comprometido, volviéndolos vulnerables a las enfermedades. La preocupación excesiva puede adherirse a los huesos de Capricornio, haciéndolos vulnerables a la raquitis, artritis y a la inflamación de las articulaciones. El otro indicador de salud de este signo son los dientes y la mandíbula, que los vuelve vulnerables a la disfunción de la articulación temporomaxilar y a los problemas causados por el bruxismo. Esto puede evitarse con calcio y el homeopático fosfato de calcio, así como incorporando a su signo opuesto, Cáncer (un signo de agua), a sus vidas con suficiente agua para compensar su vulnerabilidad a la piel seca, y también para proveerlos de un mejor cuidado personal.

Áreas en las que mejorar

La habilidad natural de Capricornio por alcanzar el éxito en asuntos mundanos puede conducir a decepciones cuando los demás no son capaces de estar a la altura de sus expectativas con respecto a la fiabilidad, puntualidad y responsabilidad. El problema es que la mayoría de las personas no están tan orientadas a la productividad como Capricornio, de ahí su frustración. Aquí es donde Capricornio necesita estar más dispuesto a tomar el liderazgo, a ser el mentor y el guía de los demás para ayudarlos a ser más capaces, competentes, habilidosos y productivos en sus vidas.

La seriedad que los Capricornio confieren a las responsabilidades es admirable y una de las claves de su éxito, pero también puede volverse incontenible y conducir al hábito de no dedicarse a su vida personal hasta no haber completado todas sus responsabilidades antes, lo cual nunca sucede. Los Capricornio necesitan sacar tiempo de donde sea para su vida personal: sus relaciones y su vida social. Si no, acabarán sacrificando esas áreas por el bien del éxito laboral.

Comprueba dónde aparece Capricornio en tu carta astral para ver dónde puedes tener éxito y construir algo importante y duradero siendo organizado, resuelto y paciente. Aquí es donde te enorgulleces de la excelencia a la hora de perseguir los objetivos congruentes con esta área de tu carta astral y donde a menudo tomas roles de liderazgo. Donde quieres dar lo mejor de ti y ser de fiar y responsable: la fórmula testada para alcanzar el éxito. Capricornio no busca conseguir resultados rápido, prefiere decantarse por decisiones que le reportarán más beneficios a largo plazo.

Comprueba dónde aparece Saturno en tu carta astral por casa y signo para ver dónde y cómo necesitas tomar las riendas de tu vida para ayudarte a lograr los objetivos Capricornio que te has autoimpuesto. Si no eres responsable ni disciplinado en esta área de tu vida, la ubicación de Saturno puede ser donde experimentes dificultades, desafíos y obstáculos que se impondrán en tu camino. Así son las cosas con Saturno: cuanta más disciplina y autocontrol tengas en los temas relacionados con el lugar donde aparece Saturno en tu carta astral, menos dificultades, desafíos y obstáculos te encontrarás por el camino.

≈ ACUARIO

Símbolo: El aguador

Elemento: Aire

Cualidad: Fija

Polaridad: Positiva/Yang/masculina

Planeta: Urano

Asociación corporal: Tobillos, pantorrillas, espinillas,
aparato circulatorio

Frases clave: «Lo sé», «Soy auténtico».

Afirmación positiva: «Soy el mensajero de una nueva forma
de ser en el mundo que honra toda humanidad y creación».

Lema peligroso: «Las normas están para los demás».

Esencia

Acuario es un signo fijo de aire, y a sus individuos se los conoce por su intelecto expansivo, así como por adherirse demasiado a sus opiniones y puntos de vista. Acuario es el signo de las amistades, de los grupos y de las grandes
preocupaciones sociales, y aun así, paradójicamente, es el
signo más independiente de todos y le da igual lo que los
demás estén o no haciendo. Hay básicamente dos fases de
Acuario. En la primera, los Acuario deben cuestionar la dirección del grupo para hallar su propio y único sentido de la
verdad y dirección. Los Acuario valoran su singularidad y no
tienen interés en ser como los demás ni en integrarse en el
grupo. En esta fase pueden parecer rebeldes o incluso excén-
tricos, pero debajo de todas esas expresiones aparentes yace

la necesidad de ser auténticos. Una vez Acuario halla su auténtico camino, la segunda fase consiste en ofrecer una perspectiva auténtica, progresiva y, a menudo, única al grupo, a la causa o a sus posibles amistades.

Capricornio es el signo que precede a Acuario en el zodiaco y representa la estructura existente de cualquier sistema, ya sea una familia, un negocio o el Gobierno: el *statu quo* de cómo se organizan y funcionan las cosas en el mundo. Acuario, como signo posterior, ve dónde no funciona bien el sistema y qué es lo que necesita cambiar, ya sea porque el sistema no mire por las necesidades de los demás o porque no aproveche las innovaciones de los visionarios. De este modo, Acuario sirve un poco de alarma para los demás: los ayuda a despertar y a ver lo que ellos solos no pueden. Acuario también es un mensajero y planta multitud de ideas en los demás.

Los Acuario están en su mejor momento cuando tienen una causa o un propósito con el que se sienten identificados. Este signo no es para nada egoísta o egocéntrico, sino que su «yo» forma parte de un «nosotros» a la hora de hacer del mundo uno mejor. Los Acuario huyen no solo de sus propias emociones, sino también de los problemas emocionales de los demás, ya que, en cierto modo, prefieren mantenerse al margen del plano emocional. Este hecho puede causar que aparenten ser fríos y distantes, pero solo es su forma de retraerse de los problemas personales, que, a su vez, les permite ver y analizar los problemas en cuestión con una mayor y mejor perspectiva.

Como signo fijo, Acuario sabe cómo enfocarse y concentrarse cuando se compromete a aprender algo. Además de sus habilidades sociales e intereses, también cuentan con una afinidad natural para la tecnología puntera y se sienten muy cómodos en el cibermundo.

Necesidades

Con la influencia de su planeta regente, Urano, Acuario va a ser el rebelde, el revolucionario o el reformador, pero nunca el conformista. Los Acuario necesitan una vía de escape sana para esa parte radical de su carácter, que puede resultar inconformista o incluso excéntrica a los demás, pero tras este comportamiento social tan inusual se halla el impulso para ser auténticos. Los Acuario no llevan muy bien lo de doblegarse a las convenciones sociales y prefieren ir a su bola antes que venderse a las costumbres sociales que no perciben como genuinas ni auténticas.

Los Acuario necesitan muchísima libertad en su vida y se rebelan contra cualquier tipo de restricción. Al ser un signo tan social, necesitan a sus amigos e interactuar con los demás, y no toleran muy bien la soledad. Este signo tan ampliamente intelectual necesita estimulación mental y huye de las situaciones aburridas.

Expresión creativa

Acuario en tu carta astral es donde puedes buscar alternativas a la creencia popular y salirte de la norma. Acuario, más que cualquier otro signo, comprende que nadie ha encontrado felicidad y satisfacción siguiendo los pasos de los demás, y que uno debe estar dispuesto a hallar su propio camino. Aquí es donde puedes expresar tu deseo de ayudar con causas sociales y problemas que te parezcan importantes.

Acuario es el signo del innovador en cualquier área de interés que persiga, siempre atentos a lo nuevo y único, y les fascina lo inusual. Regido por Urano, Acuario tiene acceso a la intuición, a esos destellos de entendimiento y repentino conocimiento que siembran sus ideas innovadoras.

Asociación corporal

Acuario necesita sobresalir de la multitud y depende de la fuerza de los huesos de las extremidades inferiores para mantener todo el peso de su cuerpo. El dolor de tobillo y los calambres son indicadores comunes de esta vulnerabilidad. Igual que los Acuario necesitan circular en la sociedad, también dominan la circulación de la sangre en su cuerpo. Esto los vuelve vulnerables a los problemas de corazón, que puede compensarse con mucho trabajo cardiovascular. Trabajar la respiración con ejercicios de respiración pranayama y aprender a respirar con el corazón (dominado por Leo, el signo opuesto a Acuario) también puede resultar beneficioso.

Áreas en las que mejorar

Una de las habilidades naturales de Acuario es elevarse por encima de los problemas personales para observar las cosas con una perspectiva más amplia y universal. Esta habilidad de separarse de la sensibilidad emocional puede hacerte parecer frío e insensible a los problemas personales y sensibilidades de los demás. Cultivando la habilidad de empatizar con los demás y trabajando la paciencia hacia aquellos que están pasando por un mal momento, puedes servirles de más utilidad a los demás separándote de ese punto de vista más genérico y amplio de las cosas y ayudándolos pacientemente a lo largo de todo el proceso. La paciencia es importante porque otras personas no son tan rápidas como los Acuario a la hora de procesar sus problemas.

Comprueba dónde aparece Acuario en tu carta astral para ver dónde necesitas salirte de la norma para hallar las respuestas. Aquí es donde puedes compartir tus habilidades y puntos de vista únicos estableciendo lazos con personas parecidas a ti para ayudar en el desarrollo de la comunidad o en causas sociales en las que creas. Aquí es donde necesitas separarte de la manada y de los problemas y preocupaciones propios de esta área de tu vida para ver las cosas con una perspectiva más amplia y poder ponderar caminos alternativos a los ya probados. Aquí es donde querrás desligarte de las tradiciones, ser original y considerar otras posibilidades más innovadoras en vez de conformarte con lo que dice la creencia popular.

Comprueba dónde aparece Urano en tu carta astral por casa y signo para ver dónde necesitas cuestionar la autoridad y lo que has aprendido de otras personas para hallar tu auténtico camino. Urano es el primero de los planetas exteriores (transpersonales) y, como tal, no está condicionado por el ego o la sociedad. Eso es lo que significa ser «transpersonal»: las influencias que hay en tu vida que no son de tu propia cosecha. Al estar a un nivel evolutivo superior, a Urano se le conoce como el «despertador» de una dimensión más espiritual de la vida. Urano busca ayudar a liberarte de lo que sea que impida despertar el potencial especial de tu alma. Esta área de tu vida es donde los acontecimientos repentinos e inesperados aparecerán y desestabilizarán el *statu quo*.

Urano no se conforma con el aburrimiento, y si no inicias tú una evolución o un crecimiento en esta área de tu vida, lo hará él, con sus rayos, truenos y lo que sea necesario para reformarla. Si estás en sintonía con Urano, aquí es donde la intuición, el conocimiento y las coincidencias te guiarán para mantener ese sentido de descubrimiento intacto en tu vida.

♓ PISCIS

Símbolo: Dos peces

Elemento: Agua

Cualidad: Mutable

Polaridad: Negativa/Yin/femenina

Planeta: Neptuno

Asociación corporal: Los pies, el sistema linfático

Frases clave: «Creo», «Me guío por la fe».

Afirmación positiva: «Al estar tan lleno de fe,
ayudo feliz a los necesitados».

Lema peligroso: «Sacrificar mis necesidades por los demás
es una forma de servir espiritualmente».

Esencia

Como último signo del zodiaco, Piscis representa una acumulación de todos los signos anteriores. Los límites que separan a unos de otros se disuelven con la sensibilidad de Piscis, que siente una conectividad más allá de los límites. Como signo de agua, los Piscis se descubren profundizando en sus relaciones emocionales con los demás. Piscis es un signo mutable, lo cual hace que estos individuos sean extremadamente adaptables y versátiles, y a menudo se labren un camino vital que es una síntesis de muchas creencias e intereses; también hace que sea muy difícil otorgarles una descripción específica. Con Neptuno como planeta regente, los Piscis cuentan con una vívida imaginación que pueden expresar con las artes creativas, trabajos soñados y obras de caridad.

La necesidad de Piscis de entender y unificar todas las experiencias con su fe universal hacen de Piscis el signo más tolerante y compasivo de todos. Tiene tendencia a ponerse de parte del desamparado, lo cual podría conducir a una vida de mártir. Piscis es el signo más sensible de todos, como queda demostrado cuando a veces se ven abrumados por la dureza del mundo, y al ser tan intuitivos y artísticos, tienden a vivir en su propio mundo imaginario.

Los dos peces en el símbolo de Piscis hablan mucho de su signo. Los peces viven en el agua, el elemento emocional. Los océanos tienen mareas, y si eres un pez, conocer el movimiento de las mareas es crucial. Uno de los peces de Piscis está nadando cerca de la superficie e interactuando con todos, al igual que los demás. El otro va nadando muy por debajo de la superficie, en su mundo interior y privado que solo ellos y Dios conocen. Lo hábil que sea Piscis moviéndose entre esos dos mundos determinará gran parte de su bienestar.

Si se perciben estas mareas como problemáticas, esos ciclos se viven como «buenos» o «malos», como si fueran altibajos. Si la persona aprende a dejarse llevar con las mareas y las trata como su ritmo emocional natural, entonces el flujo de estas se considerará más como externo e interno que como subidas o bajadas. Hay muchas actividades introspectivas saludables que podría llevar a cabo, como leer ciertos libros, escuchar cierto tipo de música, participar en actividades espirituales, pasar tiempo solos en la naturaleza o encontrar tiempo para la meditación. El tiempo que pasen con este tipo de actividades restaura a este signo y es mucho más productivo que estar, simplemente, de mal humor.

El planeta regente de Piscis es Neptuno, y este les confiere a sus individuos una imaginación muy vívida. Neptuno, un planeta exterior, simboliza la necesidad de trascendencia; de salirse de la cotidianidad. El papel de Neptuno es diluir el ego de cada uno para que podamos ser conscientes de una fuerza trascendental superior a la que estamos conectados. Si practicas la meditación y tu ego desaparece, puede ser beneficioso en ese momento, pero si el ego se diluye en mitad de una negociación importante, entonces podría llevar a una crisis de identidad. Y al igual que con todas las características de la astrología, hay un uso hábil e inepto de la energía. El artista y el guía espiritual encuentran la inspiración proveniente de esta conexión con el espíritu saludable y enriquecedora, pero cuando se usa mal, esa necesidad de trascendencia puede conducir al escapismo a través de drogas, alcohol y a un exceso de fantasías, así como a una imaginación basada en el miedo. Ambas direcciones están disponibles: una es útil, la otra no.

Necesidades

Los Piscis necesitan sentir… si pueden sentirse bien. Pero si no, prefieren sufrir dolor emocional a no sentir absolutamente nada. Necesitan responsabilizarse de su propio bienestar emocional o si no se verán inmersos en las preocupaciones emocionales de los demás. Los Piscis necesitan tiempo a solas de forma regular para procesar las emociones y asimilar sus encuentros recientes con otras personas.

La necesidad de Piscis de vivir experiencias internas se ve alimentada por su imaginación activa. La imaginación aviva tanto el miedo como la fe; las dos caras de una misma moneda. Los Piscis necesitan dominar sus miedos redirigiendo su visión interna hacia la fe. Imaginar ángeles o demonios puede parecerles radicalmente distinto. Sabemos que es más sano imaginar ángeles, guías y seres espirituales que demonios por todas partes, porque una dirección les parece mejor y más saludable, y la otra, horrible. Usa tus emociones como guía para una imaginación más sana.

Los Piscis necesitan aprender a distinguir sus emociones de las de los demás. Su tendencia compasiva puede conducirlos a verse demasiado absorbidos por el campo emocional de los demás, descuidando sus propias necesidades emocionales: el mártir. En situaciones donde se encuentran sacrificando su felicidad personal en favor de las necesidades de los demás, deberían evaluar sus motivaciones. ¿Es un servicio a los demás o más bien un sacrificio? La expresión útil de esta necesidad exhaustiva es incluir dicha compasión a uno mismo. Una vez los Piscis son tan compasivos e indulgentes con ellos mismos como lo son con los demás, habrán dominado dicha habilidad a la perfección.

Asociación corporal

Piscis domina los pies, una de las fuentes de la aguda sensibilidad de este signo. Los Piscis sienten las sutiles vibraciones del suelo sobre el que caminan. Elegir el calzado correcto es de obligado cumplimiento, puesto que son vulnerables a los problemas de pies. Piscis también domina las membranas mucosas, así que los problemas de senos paranasales y exceso de mocos, así como de retención de líquidos, pueden ser problemas de salud causados frecuentemente por las emociones de este signo. Este signo también domina el sistema linfático, que ayuda a eliminar las toxinas y desechos del cuerpo, una parte importante del sistema inmunitario y un proceso vital para un signo que es altamente sensible a las toxinas de todo tipo, incluida la gente emocionalmente tóxica. Piscis necesita proteger su sensibilidad más que superarla sin más.

Expresión creativa

Los Piscis están aquí para aceptar a todos y a todo, incluidos a ellos mismos. Cuando buscan la conexión con una realidad espiritual superior de la que forman parte, se ven guiados por una poderosa fe que puede proporcionar significado a sus vidas. Los Piscis ven cómo encaja todo y pueden ser llamados a servir como consejeros y oyentes. Piscis está aquí para ser un símbolo viviente del poder de la fe. Además de muy compasivos, los Piscis también pueden ser increíblemente creativos y pueden usar su abundante imaginación de formas creativas, artísticas y visionarias.

Áreas en las que mejorar

Piscis y Neptuno van de diluir el ego para llegar a apreciar una realidad superior. La trascendencia propia es el medio hábil, y la autonegación, la expresión oscura e inepta de esta habilidad espiritual. Piscis es vulnerable al sacrificio, como si esta fuera una cualidad espiritual. Esto conduce a todo tipo de martirios: autocompasión, pena de sí mismo, excesivo sentimiento de culpa y vergüenza. Este es un comportamiento desaconsejable porque no se centra en la trascendencia propia. La autonegación sigue estando anclada en uno mismo, así pues... «¡Oh, qué pena de mí!».

Aprender a separar sus propias emociones de las de los demás no es fácil para este signo, que busca diluir tales distinciones, pero es, no obstante, una habilidad crucial. Si no, los

Piscis tienden a procesar las preocupaciones de aquellos a los que quieren en detrimento de su propio bienestar.

Los Piscis necesitan aprender a no preocuparse por sus seres queridos y darse cuenta de que esa es una forma de envolverlos en el miedo. Pueden aprender a enviar ángeles, amor y apoyo para que su bienestar contrarreste esa insana tendencia.

Comprueba dónde se encuentra Piscis en tu carta astral para ver dónde buscas diluir las barreras que te separan de los demás. Podrías experimentar una alta sensibilidad emocional relacionada con los asuntos de esta casa. La fe y la aceptación deben cultivarse en esta área de tu vida, o podrías ser víctima del escapismo, de la excesiva fantasía e ilusiones.

Comprueba dónde aparece Neptuno en tu carta astral por casa y signo para ver qué tipos de experiencias puedes cultivar para ensalzar la necesidad de Piscis de creer en una fuerza superior a la de uno mismo. Aquí es donde buscas vivir experiencias trascendentales, para bien o para mal.

Los artistas y los guías espirituales son los que consiguen vivir las mejores experiencias de Neptuno, haciendo uso de la inspiración y la guía para mejorar sus vidas. Sin entrenamiento, Neptuno puede ser un punto ciego, donde te imaginas las cosas como quieres que sean y no como realmente son. Es aconsejable compensar esta tendencia cuando se tomen decisiones mundanas y prácticas concernientes a la localización de esta casa. ¿Ves las cosas de forma realista en lo que respecta a esa decisión o te imaginas las cosas como mejor te convienen? Echar un vistazo alrededor y considerar, al menos, qué pasaría si las cosas no salen como quieres no es ser negativo ni pesimista. ¿Has mirado, por lo menos? Entonces puedes evitar que te pille por sorpresa porque ya te habrás puesto en lo peor.

La polaridad entre los signos

Los doce signos pueden explorarse en cuanto a su papel dentro del zodiaco examinando las seis polaridades existentes. Cada signo se equilibra con su signo opuesto, o si no el desequilibrio podría causar problemas. Hay un dicho sobre los signos opuestos: «Cuando algo está bien, está muy bien, y cuando está mal, ¡está fatal!». Eso se debe a que los signos opuestos ven la misma situación desde puntos de vista completamente opuestos. Cada signo ve 180 grados de un todo. Cuando se respetan el uno al otro, 180 más 180 dan 360, y juntos podrán ver ese todo.

Los opuestos se complementan y completan la perspectiva del otro. Para entender mejor los signos opuestos, imagínate estar cara a cara con tu signo opuesto y que yo sostuviera un libro entre los dos, de forma que solo uno de vosotros viese la portada, y el otro, la contraportada. Ambos estáis mirando el mismo libro y, aun así, al describir lo que veis, vuestras descripciones no coincidirían, sino que se complementarían.

Podemos imaginarnos una posible discusión propiciada por el pensamiento de «Como eso no es lo que yo veo... ¡te equivocas!». También podemos imaginarnos otra discusión, esta vez cooperativa, para descubrir toda la verdad. Eso es lo que ocurre con los signos opuestos.

Aries/Libra

Aries está regido por Marte y es donde quieres tener iniciativa y actuar acorde a tus instintos y deseos. Libra está regido por Venus y es donde aprendes sobre ti a través de las relaciones que mantienes con los demás, donde buscas cooperar con otras personas y te ves según el reflejo que proyectas en los demás.

Aries sin la balanza de Libra se muestra indiferente ante las necesidades y preocupaciones de los demás, excesivamente agresivo e incapaz de cooperar con nadie más. Libra sin Aries se pierde en sus relaciones con los demás, incapaz de pensar en sí mismo o de iniciar nada por voluntad propia.

Cuando los Aries cultivan el lado Libra de su carácter, toda su vida funciona mejor, puesto que templan su propia impulsividad para cooperar con otros. Cuando los Libra cultivan el lado Aries de su carácter, ya no se sienten como la alfombra sobre la que pisan los demás y tienen la capacidad de velar por sus intereses cuando adaptarse a los demás implica comprometer sus propios valores.

Tauro/Escorpio

Tauro es donde quieres experimentar seguridad personal, desarrollar tus recursos personales y adquirir posesiones para fortificar esa seguridad personal. Escorpio es donde buscas descubrirte fundiéndote con los demás a través de recursos e intensas experiencias emocionales y sexuales compartidos.

Tauro sin el equilibrio de Escorpio lleva al aislamiento por el excesivo empeño en obtener su seguridad personal, que lo dejará solo con sus posesiones y atrapado en la rutina. Escorpio sin el equilibrio de Tauro conduce a una vida llena de sombras, de carácter desconfiado y turbada por deseos no cumplidos.

Cuando los Tauro cultivan el lado Escorpio de su carácter, la vida se torna más viva al aprender a tomar riesgos, a salir de su zona de confort y a permitirse cambiar gracias a la implicación con los demás. Cuando los Escorpio cultivan el lado Tauro de su carácter disfrutando de los momentos, ese deseo constante por algo más desaparece y aporta una paz y un equilibrio mayores a sus vidas.

Géminis/Sagitario

Géminis en tu carta astral es donde buscas aprender a través de las experiencias, donde necesitas a otros con los que comunicarte y donde te nutres de la variedad y el cambio. Sagitario aparece en un espacio de tu carta astral donde buscas ir más allá de los límites y obtener información que alimente tu mente superior y avive tu naturaleza aventurera. Un exceso de Géminis sin el equilibrio de Sagitario conduce a una vida dispersa y sin objetivos en la que se tiene más interés en buscar distracciones estimulantes que en perseguir una vida plena y significativa. Un exceso de Sagitario sin el equilibrio de Géminis conduce a ser un proveedor de la «verdad» dogmático, fundamentalista y creído.

Cuando los Géminis aprenden a incorporar el lado Sagitario de su carácter a sus vidas, la falta de rumbo terminará reemplazándose por un propósito y dirección determinados. Géminis siempre será inquisitivo, espontáneo y perseguirá aquello que le fascine, pero al equilibrarse con Sagitario, sentirá que su vida por fin alberga un propósito, un significado y, también, una dirección. Cuando Sagitario incorpora el aspecto Géminis de su carácter, es capaz de alejarse de su idealismo arrogante y de adaptarse a la realidad del aquí y ahora de la gente, así como a los tiempos en los que han nacido. Con el equilibrio de la habilidad de Géminis de ser inmune a las diferencias, la habilidad de Sagitario de comunicarse de manera eficaz con los demás mejora considerablemente.

Cáncer/Capricornio

Cáncer es donde buscas la seguridad emocional y personal y el deseo de sentirte seguro, apoyado y de proteger tus límites personales. Capricornio es donde buscas sentirte seguro profesionalmente y necesitas ser capaz de mantenerte por ti mismo de un modo u otro. Un exceso de Cáncer sin el equilibrio de Capricornio conduce a una vida excesivamente enfocada en la familia, en aquello que lleva a una plenitud emocional y personal y a la exclusión de la seguridad material, profesional y de las responsabilidades sociales. Un exceso de Capricornio puede llevarte a ser víctima del éxito; tendrás respeto y reconocimiento en el trabajo, pero nada de disfrute ni satisfacción personal.

Cuando los Cáncer empiezan a incorporar el lado Capricornio de su carácter en sus vidas, su satisfacción personal se equilibra con su habilidad para funcionar con éxito en el mundo. Cuando los Capricornio empiezan a incorporar el lado Cáncer de su carácter en sus vidas, estos comienzan a tener una vida personal significativa que equilibre sus esfuerzos profesionales y materiales.

Leo/Acuario

Leo en tu carta astral es donde buscas expresarte con un poco de dramatismo, donde te gusta sentirte especial y donde buscas expresarte con creatividad. Acuario es donde buscas conectar con los demás, donde te retraes de la vida para verla desde un punto de vista más general y donde trabajas con los demás en pos de una causa común. Un exceso de Leo sin el equilibrio de Acuario conduce a una vida demasiado centrada en uno mismo, donde todo se aborda con la actitud de «¿En qué me beneficia?». Un exceso de Acuario sin el equilibrio de Leo conduce a una vida sin diversión, juegos o intereses personales.

Cuando los Leo integran el lado Acuario de su carácter, sus vidas empiezan a albergar un significado mayor a la vez que buscan ser el protagonista de una comunidad de gente y un círculo de amigos mucho más grande. Cuando los Acuario integran el lado Leo de su carácter, sus vidas se enriquecen y se vuelven más incondicionales en todo lo que hacen.

Virgo/Piscis

Virgo aparecerá en tu carta astral donde quieres simplificar tu vida para poder ser más efectivo y eficiente con tus habilidades específicas. Puedes llegar a ser muy exigente y selectivo con los detalles de tu vida. Piscis aparecerá en tu carta astral donde quieres diluir las barreras que se forman con Virgo y abrirte a una realidad mística superior y mayor de la que formas parte. Un exceso de Virgo sin el equilibrio de Piscis conduce a una vida cuadriculada que no permite nada fuera de esa rutina preestablecida. Te vuelves excesivamente crítico con todo lo que no llega a estar a la altura de tus expectativas. Un exceso de Piscis sin integrar el criterio de Virgo conduce a malas decisiones y a perderse en las de los demás.

Cuando Virgo integra las cualidades de aceptación y compasión por los demás de Piscis, su vida se expande enormemente, se enriquece con interacciones más profundas y significativas con los demás, y se abre a los misterios y a las maravillas de la vida. Cuando los Piscis integran las habilidades analíticas de Virgo a sus vidas, empiezan a tomar mejores decisiones con respecto a lo que pueden hacer de forma realista para ayudar a los demás.

4

Los planetas

Somos un ser complejo que forma parte de una consciencia, y no contamos solamente con una identidad. Dentro de dicha consciencia hay muchas fuerzas de atracción dirigidas a los distintos lugares que representan cada uno de los planetas. Lo que llama tu atención son tus sentimientos, tus intereses tanto intelectuales como sociales, tus ambiciones, tus requisitos en una relación y tus responsabilidades. Los planetas representan cada uno de esos niveles de consciencia, y al aprender lo que cada uno representa en tu vida conformas un mapa para entender mejor de dónde provienen exactamente estas fuerzas de atracción.

Los planetas, desde el Sol hasta Plutón, se agrupan en tres categorías: personales, sociales y transpersonales. Esto te ayudará a comprender su función.

El Sol, la Luna, Mercurio, Venus y Marte son los *planetas personales*. Describen la personalidad única de cada persona, sus necesidades, sus gustos y manías. Son los planetas más cercanos al Sol y los que más rápido orbitan.

Los dos planetas siguientes, Júpiter y Saturno, son los *planetas sociales*. Estos dos giran más despacio: Júpiter, 12 años y Saturno, 29 y medio. Los planetas sociales nos conectan a grupos grandes de gente que ha nacido con nuestro mismo signo. Júpiter, que es el planeta más grande, busca ampliar nuestros horizontes ganando oportunidades para crecer en nuestra cultura. Saturno representa las responsabilidades que tenemos a la hora de ayudar a sostener la sociedad y la cultura que se benefician de Júpiter. Ese es el motivo para asumir las responsabilidades que limitan cuánto se expande Júpiter; la expansión es Júpiter y los límites, Saturno. Demasiado Júpiter sin Saturno es como tener una flor en el invernadero con un crecimiento superficial pero sin raíces, que con el tiempo se viene abajo tras haberse abierto demasiado. Demasiado Saturno sin Júpiter supone un control férreo de la vida y limitar todas las oportunidades de crecimiento y de diversión que surgen. Lo ideal es que ambos planetas trabajen en equipo para que se produzca un desarrollo controlado.

Urano, Neptuno y Plutón son los *planetas exteriores (transpersonales)*. Estos tres planetas representan las fuerzas más allá de nuestro control y por eso se llaman «transpersonales». Forman parte de un espacio separado de nuestro ego y de nuestras influencias culturales. Nos ayudan a evolucionar y a madurar más allá del condicionamiento social y cultural y nos abren los ojos a la dimensión espiritual de la realidad.

Los planetas exteriores también reciben el nombre de «planetas colectivos» porque orbitan tan despacio que nos conectan a una generación que ha nacido en los mismos planetas exteriores que nosotros. Urano tarda 84 años y pasa siete en cada signo, así que cualquiera que nazca en uno de esos periodos de siete años tiene su Urano en el mismo signo y en el colectivo. Neptuno tarda 165 y pasa aproximadamente trece años en cada signo, lo cual conecta a cada uno que nace en el periodo de esos trece años a las mismas influencias colectivas y escapistas. Plutón tarda 249 años y pasa una media de veinte años en cada signo, conectando a generaciones enteras con la necesidad de eliminar lo desconocido con el fin de revelar el propósito del alma de una persona.

También analizaremos la función del planetoide Quirón. Cuando Quirón sobresale en una carta astral, habríamos de entender su papel como sanador de heridas sagradas.

También incluiremos el signo ascendente. Aunque no es un planeta, el Ascendente sí que influye en tu orientación y es lo suficientemente importante como para considerarlo parte de los «tres principales» junto con el Sol y la Luna, los componentes que conforman el quién eres y el cómo te expresas en el mundo. Además, los Nodos Norte y Sur son indicadores relevantes de tu camino y del crecimiento de tu alma en esta vida.

Cada planeta también representa un periodo de crecimiento en la consciencia, empezando por la identidad egoísta y separada que se desarrolla a través del Sol y que madura a lo largo de cada uno de los planetas al abrir los ojos a una identidad transpersonal.

Los planetas regentes

Saber cuál es el planeta regente de cada signo y su influencia en la carta astral te harán entender mejor la complejidad de esta y te ayudará a empezar a ver cómo se conecta todo. Se dice que cada signo del zodiaco está regido por un planeta en particular (tabla 3). El lugar donde está el planeta regente de un signo según su casa y signo te mostrará qué tipo de actividades específicas satisfarán las necesidades de cada signo en cuestión.

Usamos el concepto «planeta regente», pero «regente» no es del todo preciso, ya que dicho planeta actúa en nombre del signo al que gobierna y facilita sus necesidades. Para entender mejor el papel verdadero del regente planetario en una carta astral, nos puede ser útil pensar en él como el «embajador» del signo. En su propósito de cubrir las necesidades de un signo, su función es más parecida a la de un criado que a la de un regidor. Sin embargo, vamos a ceñirnos al término «regente» teniendo en cuenta que su papel más bien es el de un moderador.

Recurre al regente planetario de un signo y dónde se ubica en la eclíptica según signo y casa para ver qué tipos de actividades satisfacen las necesidades de la carta astral. Por ejemplo, si estás mirando la casa que tiene a Leo en su cúspide, fíjate dónde está situado el Sol (el regente de Leo) en la eclíptica por casa y signo para ver qué tipo de actividades pueden mejorar la casa de Leo.

Signo	Regente planetario
Aries	Marte
Tauro	Venus
Géminis	Mercurio
Cáncer	Luna
Leo	Sol
Virgo	Mercurio
Libra	Venus
Escorpio	Plutón
Sagitario	Júpiter
Capricornio	Saturno
Acuario	Urano
Piscis	Neptuno

Tabla 3. Los signos y sus regentes planetarios

EL SOL ☉

Signo: Leo

Casa: Quinta

Asociación corporal: Corazón y columna vertebral

Colores: Amarillo y dorado

Gema: Rubí

Día de la semana: Domingo

Símbolo: ☉ El círculo del espíritu con un punto de potencial en el centro. El círculo no tiene inicio o fin y es el símbolo universal de la integridad, del espíritu y del potencial infinito. Ese punto es la chispa de espíritu que te hace vivir y el círculo es todo tu potencial.

Intereses profesionales: Aquellas personas con el Sol en una posición destacada en su carta astral podrían tener talento en profesiones relacionadas con la salud y la aptitud física, papeles de líder de cualquier tipo, propósitos creativos o profesiones trabajando con niños.

Palabras clave y conceptos: Identidad, el sentido del «yo», fuerza vital, luz, calidez, conciencia de uno mismo, salud del ego, influencia paternal, potencial real.

Estados positivos del Sol: Sensación positiva de la autoestima, una conexión vital con la vida que vivimos, generosidad.

Estados negativos del Sol: Egocentrismo, arrogancia, vanidad, superioridad, orgullo, centrarse demasiado en uno mismo (ya sea para alimentar el ego o reducirlo).

Al igual que el Sol es el centro de nuestro sistema solar, en la astrología representa la fuerza vital que vivifica todos los aspectos de tu vida. Gobierna tu identidad base y tu propósito en la vida al igual que tu voluntad, tu vitalidad y la necesidad de expresarte. Es el referente dominante de tu personalidad, la luz bajo la que quieres que te vean.

El Sol es el centro de todo el sistema solar, incluidos los planetas; todos deben estar integrados para que dé lugar la realización de la persona. El símbolo del Sol describe la historia. Naces como un pequeño punto y el círculo sin comienzo ni fin representa la plenitud, el espíritu y tu potencial infinito. Tu potencial se incrementa al ser consciente del resto de los planetas en tu carta astral (tu sistema solar) y al integrarlos en tu vida.

Perseguir atributos de tu signo en el Sol te mantiene equilibrado, con un rumbo y una intervención significativa en la vida. Cuando tu vida no está conectada a los temas del Sol en tu carta astral o mantienes una relación con alguien que no valora tu esencia, te desvinculas de la fuerza vital y te sientes deprimido, vacío y desconectado de la vida.

Tu energía solar se expresa hacia fuera y es la forma en que el mundo ve cómo te muestras, mientras que la Luna se identifica con tu mundo interior, el que te reservas para ti mismo y tus allegados. El Sol es el planeta masculino dominante y se identifica con la figura paterna y su influencia en ti; afecta a tu forma de relacionarte con los hombres. En la carta astral de una mujer, su Sol es el tipo de energía masculina por la que se siente atraída y vivificada.

El Sol gobierna tu vitalidad, tu autoestima y la fuerza de tu identidad. Al igual que el Sol emana energía, tu Sol es la forma en la que quieres expresarte y mostrarte.

Recurre a tu signo en el Sol para entender tu personalidad y cómo expresarte para convertirte en la mejor versión de ti mismo. Este signo describe tu identidad consciente. Las necesidades de tu signo en el Sol se convierten en el epicentro del desarrollo consciente de quién y qué eres. Satisfacer las necesidades de tu signo mejora tu vitalidad en todos los aspectos.

Recurre a tu casa en el Sol para ver dónde buscar un propósito y sentido de la vida. A través de involucrarte de forma positiva en esa área de tu vida, te sentirás enérgico, animado y radiante. Las actividades de la casa de tu Sol son ese punto del mundo que quieres iluminar con tu luz especial.

LA LUNA ☽

Signo: Cáncer
Casa: Cuarta
Asociación corporal: Estómago y pecho
Colores: Dorado
Gema: Piedra lunar, perla, piedras tornasoladas
Día de la semana: Lunes

Símbolo: ☽ Dos curvas del alma conectadas y curvadas hacia dentro. Es hueco y cóncavo, representando receptividad y sinceridad.

Intereses profesionales: A aquellas personas en cuya carta astral destaque la Luna les irá bien en trabajos en la industria alimentaria o como poetas, escritores, pintores, cuidadores, profesores, comadronas o madres; también en trabajos de mantenimiento, trabajando con niños y en empleos relacionados con el agua, la agricultura y el riego.

En la mitología: La Luna adoptaba el nombre de Selene en la mitología griega y de Luna en la romana. Era la diosa de la Luna que nutría y educaba.

Palabras clave y conceptos: Seguridad, casa, fertilidad, sentimientos, rutinas, reacciones, feminidad, educativo, fluido, la influencia materna, condicionamiento, seguridad emocional.

Estados positivos de la Luna: Educar, ser creativo, empático, adaptable, introspectivo, protector.

Estados negativos de la Luna: Ser malhumorado, inquieto, absurdo, demasiado sensible, contradictorio, dependiente.

Considera a la Luna casi tan importante como al Sol en tu carta astral. Al fin y al cabo, ambos dominan los cielos de la noche y el día respectivamente. La Luna tarda 28 días en orbitar y cambia de signo cada dos días y medio, revelando así cómo te adaptas a las circunstancias variables de la vida.

Si el Sol es tu identidad consciente, la Luna es la respuesta espontánea subconsciente a dicha identidad. Puede que el Sol dicte lo que quieras hacer, pero es la Luna quien permite o no esa actividad dependiendo de la *sensación*. El Sol y la Luna son un equipo interdependiente. Mientras que expresas tu signo solar al mundo, algo que la gente ve, tu signo lunar es una parte de ti que reconoces pero que tal vez otros no vean. Con el Sol se trabaja en proyectar tu identidad; por otra parte, con la Luna lo que se hace es retraerse en rutinas naturales para recobrarse con tal de que, una vez la persona se haya repuesto, el Sol esté listo para proyectarse en su vida.

El primer proceso de equilibrio e integración que debe suceder en tu interior es reconocer e identificar los dos objetivos principales representados por tu Sol y tu Luna. Cuando se permite expresar ambos por igual, entran en consonancia. Se produce una discordancia cuando te identificas más con uno que con otro. Entonces, el objetivo ignorado se entromete y mina el esfuerzo del objetivo dominante. Se precisa un equilibrio.

Tu Luna representa tu naturaleza emocional, tu forma de expresar sentimientos y lo que necesitas para sentirte cómodo emocionalmente. Representa cómo afrontas las cosas de forma natural: cómo reaccionas a varias situaciones a lo largo de tu vida basándote en patrones emocionales.

Al principio, la Luna revela la relación con tu madre y después se transforma en la relación emocional y general con las mujeres. En la carta astral de un hombre, su Luna muestra el tipo de mujer con la que se siente más cómodo, lo cual influirá bastante en su elección de una pareja a largo plazo. Venus también intervendrá en su elección sobre el tipo de gente que le atrae romántica y sexualmente, pero la Luna es con quien vivirá finalmente y a diario. La Luna en la carta astral de una mujer también muestra la relación con su madre al principio y, después, una vez madura, cómo se expresa como mujer.

La Luna refleja su luz en tu mundo interior basado en las emociones, los sentimientos y los recuerdos. Mientras que el Sol mira hacia delante, la Luna mira hacia atrás, reflexionando acerca de los recuerdos del pasado. La Luna (sensible, receptiva y reflexiva) gobierna la marea de los océanos y tus fluctuaciones de energía y actividad a lo largo del día.

Recurre a tu signo en la Luna para que te muestre lo que necesitas a la hora de sentirte seguro y emocionalmente apoyado, así como la forma de educar a las personas que te importan. Tu Luna revela la carencia más grande que tienes y la que solo tú y las personas más cercanas a ti sabéis; esto no forma parte de tu personalidad exterior. El signo de tu Luna natal describe cómo expresas tus sentimientos, cómo te adaptas a los cambios, qué tipo de participación necesitas para sentirte cómodo y seguro. Tu signo lunar muestra tu forma de adaptarte a los cambios de la vida.

Recurre a la casa de tu Luna para ver qué tipo de participación diaria necesitas para sentirte como en casa y cómo te muestras emocionalmente a diario. Se precisa que seas lo más flexible posible y que muestres sensibilidad a los cambios en tu entorno. Te retraes a esta área cuando necesitas recuperarte emocionalmente.

El ciclo lunar

Todos los meses, el Sol y la Luna atraviesan sus ciclos juntos, desde la luna nueva hasta la luna llena. El ciclo lunar se compone de ocho fases y la fase en la cual naciste describe bastante el tipo de personalidad que tienes.

Los planetas están en las primeras cuatro fases del ciclo, desde la nueva hasta la gibosa, en la parte creciente del ciclo, y a partir de la llena hasta la fase balsámica están en la parte menguante. Durante la parte creciente la energía se reúne y se expulsa hacia fuera, mientras que durante la menguante se interioriza y se prepara para el siguiente ciclo.

Imagina que tienes dos semanas de vacaciones y tienes pensado visitar varios parques nacionales de camino a tu destino y después otros a la vuelta. Imagina el entusiasmo inicial al empezar la aventura. Ves tus experiencias por el camino a la luz de la anticipación de llegar a tu destino. Sean cuales sean los desafíos que te encuentres, los enfrentarás con decisión e ímpetu al querer lidiar con ellos para seguir adelante.

Ahora imagina que esa energía cambia una vez llegas a ese destino y empiezas el trayecto de vuelta a casa. Es distinto, ¿verdad? El entusiasmo que va creciendo a la hora de llegar a ese destino se transforma en preparación y asimilación del viaje de vuelta después de lograr tu objetivo a la mitad del camino. Ahora volver a casa es la segunda parte del trayecto.

Fase creciente: Decisiones espontáneas a la hora de actuar.

Fase menguante: Decisiones meditadas basadas en la propia experiencia.

Luna nueva (de 0 a 45 grados)

Si comparamos el ciclo lunar al ciclo de las plantas, la luna nueva es cuando la semilla germina y estalla hacia arriba, llena de vida. El instinto guía a las personas de tipo luna nueva y las anima a confiar en él y embarcarse en experiencias nuevas sin un plan a largo plazo, simplemente dirigiéndose en la dirección correcta.

Si tienes el tipo luna nueva y estás en una calle abarrotada que quieres cruzar, lo mejor es inclinarte hacia delante y mirar el tráfico, y cuando tu cuerpo diga que camines, le hagas caso y confíes en tu instinto. Detenerse y planear cómo cruzar no sería buena idea para las personas de tipo luna nueva, ¡puede que los estrujen! Lo mejor es que confíen en su instinto y se pongan en camino cuando sientan que es el momento.

Estas personas cambian constantemente debido a las experiencias que viven.

Luna creciente (de 45 a 90 grados)

En el ciclo de las plantas, tras la germinación tenemos la fase de brote: cuando un brote en crecimiento trata de atravesar el suelo y salir a la luz. Normalmente a esta fase la llaman la fase del «forcejeo», pero a mí también me gusta llamarla la «indómita», ya que el brote tratará de empujar o sortear cualquier obstáculo en su afán por alzarse hacia la luz.

Las personas de tipo luna creciente jamás se duermen en los laureles; deben empezar de nuevo cada día. Debido a esto muestran una motivación enorme, pero deben tener cuidado para que esta actitud indómita persevere durante toda la vida. Si tienes el tipo luna creciente y reconoces este tipo de actitud de complicar las cosas más de lo necesario, distánciate de tu carta astral y tu vida y observa si hay áreas en las que ese forcejeo sea necesario.

Tal vez quieras escribir un libro, lo cual no es nada desdeñable. Dile a tu psique que, si quiere lidiar con algo, que sea para terminar el libro, para aprender a tocar un instrumento o para mantenerse en forma. Estos usos resultarían útiles para esa motivación indómita. Eso sí, también dile a tu psique que no quieres esforzarte de más en tus estudios, relaciones, finanzas o salud. Úsalo donde haga falta y dile que no se inmiscuya cuando interfiere en tu calidad de vida.

Sí, puedes distanciarte de tu carta astral y dirigirla, así como hablar a tus planetas y dirigirlos hacia una integración positiva en tu vida.

Primer cuarto creciente (de 90 a 135 grados)

Tras la fase del brote, la planta pasa por una fase de crecimiento rápido en el que el tallo gana fuerza y crece hacia arriba. Necesitamos aclarar la expresión clave de este primer cuarto creciente, «crisis en marcha». No es que la vida de las personas de tipo primer cuarto creciente siempre esté en crisis, sino que ese impulso de crecimiento los conducirá a través de las situaciones de crisis o más complicadas. Algunos tipos reculan ante los desafíos en el camino y buscan una manera más fácil, pero las personas de tipo primer cuarto creciente agachan la cabeza y atraviesan esas dificultades. La personalidad de los del primer cuarto creciente bien podría describirse como «Cuando la cosa se pone dura, la gente dura se pone en marcha».

Luna creciente gibosa (de 135 a 180 grados)

Tras la fase de fortalecimiento y crecimiento de la planta viene la fase gibosa, en la que los capullos se forman y empiezan a hincharse, comenzando así el proceso de florecimiento. Las personas del tipo de luna creciente gibosa son famosas por no tomarse nada al pie de la letra y por preguntar por qué razón las cosas son como son. Los de tipo giboso no asumen que un autor u orador sabe de cierto tema porque haya dicho o escrito algo en un libro. Asimilan la información de manera analítica e inquisitiva. Mientras que la persona que nace bajo el primer cuarto creciente se abre paso ante las adversidades, la que nace bajo la luna gibosa realiza cambios para no atravesar baches. Al igual que hay que vigilar de cerca la Luna unos días antes para cerciorarse de que es la llena, las personas de tipo giboso muestran el mismo tipo de criterio analítico.

Aquellos que nacen durante una de las primeras cuatro fases lunares (desde la luna nueva hasta la luna gibosa) deciden por instinto calculando posibilidades, mientras que las personas que nacen durante las cuatro últimas fases lunares (de la luna llena a la luna balsámica) deciden tras tener en cuenta experiencias previas. Por lo tanto, las acciones anteriores y las decisiones deliberadas son algo frecuente durante las cuatro últimas fases.

Luna llena (180 a 225 grados)

Esta es la fase de floración del ciclo de la planta. Durante la luna llena, la luz del Sol se refleja en la Luna y podemos ver cosas por la noche que normalmente no podemos. A las personas que nacen durante la luna llena les gusta reflexionar sobre situaciones para comprenderlas por completo. A menudo les cuesta conciliar el sueño durante la luna llena, ya que su subconsciente (el que apartan durante la mayor parte del mes) despierta.

Las personas del tipo de luna llena buscan una vida plena. No quieren sacrificar un aspecto de su vida para tener éxito en otro, sino que lo quieren todo. Al igual que la marea es más alta durante la luna llena, estas personas deberán aprender la naturaleza cíclica de su campo de energía. Durante una parte del mes su energía aumenta y se expulsa hacia fuera, y durante la otra la energía mengua y se vuelven más introspectivos. Si has nacido durante la fase de la luna llena, permite la energía cíclica en lugar de resistirte a este patrón.

Luna diseminante (de 225 a 270 grados)

Tras la fase de floración, la planta comienza la de esparcimiento y libera polen y aroma. La promesa del ciclo se realza y se esparce durante esta fase. Las personas que nacen durante la luna diseminante son profesores natos; cuando aprenden algo, piensan a la vez con quién podrían compartir esa información y cómo lo harían. Aprender información y luego compartirla con la gente es un rastro distintivo de una persona bajo esta fase de la Luna.

Las personas bajo la luna diseminante normalmente destacan sobre otros. Puede que dominen alguna habilidad o talento. Imagina que el viento hace volar el polen y el aroma de una flor por el mundo.

Último cuarto menguante (de 270 a 315 grados)

Tras esparcir el polen, la planta empieza a marchitarse y crece de forma introspectiva. Debemos explicar el lema tradicional de esta fase, «crisis en consciencia». No se trata de que las personas que nacen bajo el último cuarto menguante están siempre en crisis con su consciencia; se trata de que lidian con las crisis internamente en lugar de externamente.

A pesar de que hay gente que prefiere compartir sus problemas con amigos cuando pasan por un periodo difícil, la persona bajo el último cuarto menguante trata estos asuntos por sí mismo y busca aclararlos sin contar con nadie más. Las personas bajo esta Luna rara vez exageran sus capacidades; prefieren subestimarlas y reducir la presión de las expectativas del resto.

Luna balsámica (de 315 a 360 grados)

La fase final del ciclo lunar es la formación de la semilla al tomar los mejores elementos genéticos de la planta al marchitarse y la preparación para el siguiente ciclo del germinado. Por eso llamamos a las personas bajo la luna balsámica «personas semilla», porque recaban lo mejor del final del ciclo y valoran el germinado que se producirá. Las personas de tipo balsámico siempre sienten cuándo va a terminar un ciclo en particular. Son capaces de notar cuándo una relación, un trabajo o algún evento ha llegado a su fin. Pueden predecir qué perdurará a largo plazo y qué terminará. No son capaces de ver el futuro como los videntes, pero sí sentir si un plan, una relación o un propósito tiene posibilidades de seguir adelante o de fracasar.

El uso de un calendario astrológico

Un calendario astrológico que muestre en qué fase se encuentra la Luna todos los días es una herramienta maravillosa para aprender sobre dichas fases y cómo te afectan. La luna completa todo el zodiaco cada 28 días y pasa aproximadamente dos días y medio en cada signo. Cuando la Luna pasa por cada signo, crea el trasfondo emocional para ese día en concreto y cada uno mostramos una respuesta distinta dependiendo del signo en que esté la Luna. Cuando la Luna está en Cáncer, algunas personas se sienten incómodas ante su mal humor o su dependencia, mientras que otros viven la Luna en Cáncer como algo genial y les apetece cenar con la familia o amigos íntimos.

Aquí te dejo un ejercicio que te ayudará a aprender cómo reaccionar a los diferentes signos de la Luna. En un diario, escribe la fecha y el signo en que está la Luna y valora el día en una escala de +3 a −3, con +3 siendo un día fantástico y −3 uno en el que ni siquiera te apetece levantarte de la cama. Un día 0 es neutral, un «ni fu ni fa».

Puedes valorar tu estado emocional al comienzo del día y después analizar el signo en el que está la Luna para saber qué esperar. Después, cuando el día llega a su fin, reflexionar sobre las emociones que han surgido a lo largo de él. ¿Ha sido un día feliz en general o uno triste? ¿Te has mantenido concentrado o distraído continuamente? ¿Te ha apetecido socializar o estar solo? ¿Has sentido emociones como la ira y la frustración o más bien las interacciones con los demás han ido como la seda?

También hay otras influencias más allá de la Luna que te impactan todos los días, pero esta es la más inmediata, y su influencia efímera perdura durante unos días y después se esfuma.

El Ascendente

Tu Ascendente no es un planeta, pero junto con el Sol y la Luna forma parte de los «tres principales» de tu composición astrológica e influye en todas tus interacciones con el mundo. Es tu forma de orientarte en la vida y cómo afrontar situaciones, sobre todo las nuevas. Cuando conozcas a alguien, esto será lo primero que veas, no su signo lunar o solar. El Ascendente también muestra la primera impresión que le das a la gente. Normalmente se denomina tu «imagen pública» o la «máscara» que le muestras al mundo. Sin embargo, al contrario que la máscara, no puedes deshacerte de tu Ascendente; es la fachada natural que le muestras al mundo.

El Ascendente es el signo en la cúspide de la Primera casa de tu carta astral. Se calcula marcando la línea horizontal de la Tierra en el momento y lugar exactos de tu nacimiento y extendiéndola al espacio; el Ascendente es el punto en el que se cruza con el zodiaco. Se mueve un grado cada cuatro minutos y cambia de signo cada dos horas, por lo que es necesario saber con precisión la hora de tu nacimiento para crear la carta astral. Por eso la gente que nace el mismo día pero no en el mismo lugar pueden parecer tan distintos.

Además de la imagen que ofreces al mundo, tu signo ascendente también muestra tu estilo; no solo en apariencia, sino en la forma de encargarte de las cosas.

Acude a tu signo ascendente para describir tu orientación natural hacia la vida, sobre todo con personas y situaciones nuevas. Tu signo ascendente describe tu imagen pública y la primera impresión que das.

El planeta regente de tu signo ascendente se denomina tu «regente astral» y ejerce una influencia dominante en el resto de los planetas debido a su significado especial.

MERCURIO ☿

Nombre: El mensajero

Signos: Géminis y Virgo

Casas: Tercera y Sexta

Asociación corporal: Pulmones, sistema nervioso central, brazos, manos

Color: Amarillo

Gemas: Cuarzo, topacio

Día de la semana: Miércoles

Símbolo: ☿ El semicírculo del alma se coloca encima del círculo del espíritu y debajo está la cruz de la materia. Esta unión de espíritu, alma y materia es una función importante de Mercurio, el mensajero de los dioses, para nosotros en el plano terrenal.

Intereses profesionales: Las personas con una carta astral en la que Mercurio está destacado sobresaldrán en profesiones como la de autor, periodista, abogado, orador, educador o vendedor, así como en la industria del transporte, el servicio postal o la tecnología.

Astronomía básica: Mercurio es el planeta más pequeño y el más cercano al Sol, por lo que su órbita es la más rápida y dura tan solo 88 días. Jamás se distancia más de 28 grados del Sol y, por lo tanto, siempre estará a un signo de este.

En la mitología: Mercurio tiene pies con alas y es el mensajero de los dioses; gobierna todas las formas de comunicación y transporte, así como el comercio y las transacciones de negocios.

Palabras clave y conceptos: Aprendizaje de estilo e interés, estilo de comunicación, percepción, sentidos, razonamiento, inquisitivo, cómo se analiza, diferenciar y organizar información.

El planeta Mercurio es el mensajero de los sentidos y gobierna la mente racional y el intelecto, así como tu estilo de comunicación y tus intereses intelectuales naturales. Se trata de tu naturaleza curiosa e infantil de aprender y recabar información de interés. Tu signo en Mercurio también analiza esta información, clasificando y cribando lo que te llega a través de los sentidos y del subconsciente para evaluar qué resulta útil y qué no. Tu capacidad de aprender procesos y técnicas también entra en el dominio de Mercurio. Este planeta gobierna tanto a Géminis como a Virgo. Recaba información en Géminis y analiza y procesa la información en Virgo.

Mercurio tiene la órbita más rápida de todos los planetas; jamás se aleja más de 28 grados del Sol, así que siempre está a un signo de distancia de este y a menudo están en el mismo signo. También está involucrado en el transporte, los viajes cortos y el sistema nervioso.

Cuando identifiques la función de Mercurio en ti mismo, podrás aprender cómo influye en la forma de comunicarte con la gente, ya sea de forma favorable o desfavorable. Una vez lo entiendas, tendrás la opción de usar el libre albedrío a la hora de seguir tu inclinación natural o cambiarla. Imagina que tienes a Mercurio en un signo de fuego, lo cual crea la tendencia a interrumpir al resto y dominar la conversación. Si sabes que tienes esta tendencia, puedes practicar para guardarte tus opiniones hasta que el resto termine de expresarse, y así mejorarás tu capacidad de escuchar y comunicarte.

En el mejor de los casos, un Mercurio fuerte dota a la persona de una mente aguda y ágil; le hace ingenioso, articulado e inteligente a la hora de comunicarse. Una persona con influencia de Mercurio puede ser persuasiva, con grandes dotes de hablar en público y segura de sí misma a la hora de tomar decisiones. Sin embargo, a Mercurio también se le conoce como el pícaro embaucador, y puede mostrarse como una persona ladina o tornarse cínica, criticona, contestona y negativa en general.

¡Nuestras mentes son unas sinvergüenzas! Si no asumimos el control y entrenamos la mente para almacenar información útil, estas mentes inexpertas se transformarán en mentes de primates, de pensamientos dispersos, en lugar de centrarse en lo que tenemos frente a nosotros. El estudiante, el profesor, el escritor y el filósofo usan su mente de forma útil. Entrenar meditando es la mejor manera de amansar a esa mente de primate y profundizar en nuestra capacidad de concentración. Controlamos aquello a lo que prestamos atención.

Recurre a tu signo en Mercurio para describir cómo funciona tu mente normalmente, tus intereses intelectuales, cómo procesas información y, por último, tu inclinación natural a la hora de comunicarte. El elemento de tu signo en Mercurio describe tu carácter intelectual.

Recurre a tu casa en Mercurio para descubrir el mejor ambiente de aprendizaje para mejorar tus habilidades mentales. Reflexionarás largo y tendido sobre los asuntos concernientes a esta casa, y será aquí donde quieras que te escuchen.

VENUS ♀

Nombres: El artista, el amante

Signos: Tauro y Libra

Casas: Segunda y Séptima

Asociación corporal: Garganta, voz, piel, pelo, riñones

Color: Verde

Gemas: Zafiro y esmeralda

Día de la semana: Viernes

Símbolo: ♀ El círculo del espíritu sobre la cruz de la materia. Venus muestra la belleza y el amor como el portal al espíritu y el triunfo sobre la materia.

Astronomía: Venus es el segundo planeta más cercano al Sol y tarda 225 días en completar su órbita. Siempre estará a menos de 48 grados del Sol y, por lo tanto, formará parte de los signos solares en la carta astral.

En mitología: Afrodita, diosa del amor y la belleza y la patrona de las artes.

Intereses profesionales: Las personas en cuya carta astral destaque Venus se sentirán atraídas por profesiones relacionadas con la moda y la industria de la belleza, o serán artistas, músicos, bailarines, joyeros o pasteleros.

Palabras clave y conceptos: Cooperativo, necesidades emocionales, intereses artísticos, sociabilidad, refinamiento, cautivador, reconciliación, disfrute, afecto, ansia de unión, deseo de lo ideal, armonía, apreciación, gratitud, talento artístico.

Venus es la diosa del amor y la belleza y la patrona de las artes, y muestra lo que te gusta y con lo que disfrutas, tus relaciones amorosas, además de lo que valoras por encima de todo. Venus revela tus gustos, tus aficiones, tus inclinaciones artísticas y qué te hace feliz. Además, expone tu actitud en cuanto al dinero y cuánto valoras tus posesiones y comodidades. Venus, el planeta del placer, muestra qué capta tu atención y con qué te lo pasas bien.

Venus y Marte juntos representan las polaridades masculina y femenina del campo magnético de tu energía y tu sexualidad. Hombre, mujer, homosexual o heterosexual; todos tenemos una Venus y un Marte. Juntos representan tu sexualidad, tu instinto, tus deseos, tus placeres y tus valores. Venus es la polaridad femenina y enseña cómo recibes amor y cómo te expresas en tus relaciones más cercanas, mientras que Marte es la polaridad masculina y revela qué haces para obtener lo que quieres. Venus es el polo receptor y Marte el polo emisor; con Venus formulas tu valor y Marte actúa enfrentándose al mundo y tratando de recuperar los objetos valiosos. Venus gobierna tanto a Tauro como a Libra y extiende su influencia desde el mundo material de Tauro al mundo social de Libra.

Venus es lo que te imaginas como imagen arquetipo de la compañera femenina perfecta, y juega un papel diferente en las relaciones para los hombres que para las mujeres. En la carta astral de un hombre, Venus es aquello que más le atrae de una pareja, mientras que, en la carta astral de una mujer, Venus muestra qué valora más en cuanto a su feminidad y qué querría compartir con una pareja a la que le atraen estos atributos.

Con Venus descubres qué te gusta y qué no; te das cuenta de que hay ciertos aspectos de tu vida y tus relaciones que te agradan y otros que no. Tu impulso de acercarte a otros es una forma natural de identificar con qué disfrutas. Cuando Venus está muy destacado en una carta astral, dota de la capacidad de disfrutar de la vida y de las relaciones. Venus describe tu encanto a la hora de atraer y valorar a la gente, así como el rango de las experiencias físicas, emocionales, mentales y espirituales.

Tu Venus no solo describe cómo recibes amor, sino también tu receptividad. En aspectos complicados, la habilidad de recibir de la gente de Venus se trunca, y le hace sentir a la persona muy incómoda a la hora de recibir cumplidos o aceptar la ayuda de la gente. Incluso les cuesta aceptar que les devuelvan el favor.

Cuando una persona se siente lo suficientemente cómoda como para ofrecer pero no para recibir, el desequilibrio crea decepciones. A menudo, esta postura proviene de la educación que ha recibido de la mujer con la que han crecido; en muchas ocasiones se utilizan variaciones del tipo «Es mejor dar que recibir». A pesar de sonar más espiritual, si eso se convierte en la norma, crea un desgaste en nuestra vida. Es como si tuvieras una manguera que expulsa sangre de tu corazón pero la única que entra es a través de una pajita.

El objetivo no es disminuir la manguera, ya que nunca se llega a ser demasiado generoso si existe el mismo grado de receptividad. Imagina un pozo del que se extrae más agua de la que se echa o un negocio que da más que lo que vende. Estos ejemplos de desgaste no son sostenibles. El desequilibrio crea lo que se conoce como la Ley de Pareto, en la que tú dedicas el 80 por ciento de tu esfuerzo y recibes el 20. Si te suena, puedes practicar como si fuese una mala costumbre de la que puedes llegar a olvidarte si te esfuerzas durante varias semanas. Entrena hasta agradecer los muchos gestos generosos que tiene la gente contigo.

Venus representa el placer disponible cuando la vida satisface lo que valoras y lo que te gusta y también representa la posibilidad de sufrir y sentir celos cuando estas necesidades se truncan. Por el contrario, un Venus descontrolado puede conllevar a convertirte en un «adicto al placer» y buscar vicios de cualquier tipo que te satisfagan. Venus nunca se aleja mucho del Sol y nunca estará a más de dos signos de distancia en una carta astral. En la astrología, a Venus también se lo conoce como el «benefactor menor» y es una de las influencias planetarias más positivas junto con Júpiter, al que se le conoce como el «gran benefactor».

Recurre a tu signo en Venus para describir qué te atrae y qué consideras importante. Te atraerán actividades relacionadas con tu signo en Venus porque te provocan placer. El signo de tu Venus natal muestra tu forma de recibir de la gente y qué es lo que más valoras de una relación. Describe cómo atraes al amor y qué tipo de experiencias son las que más te gustan. Este signo también representa las cualidades que más admiras de la gente. Un planeta Venus bien colocado otorga encanto, diplomacia y tacto.

Recurre a tu casa en Venus para ver en qué área de tu vida precisas equilibrio, refinamiento y de cuál proviene tu placer. A través de esta casa atraerás a las personas, situaciones y oportunidades para mejorar en tu vida, así como posibles parejas. Tu casa en Venus también es el lugar donde es más probable que encuentres salidas artísticas, ya sea para participar en ellas o para disfrutarlas.

MARTE ♂

Nombre: El guerrero
Signo: Aries
Casa: Primera

Asociación corporal: Músculos, sangre, órganos reproductores

Color: Rojo

Gemas: Rubí, granate

Día de la semana: Martes

Símbolo: ♂ El círculo del espíritu y una flecha que apunta hacia arriba a la derecha simbolizan la dirección de la energía vital hacia un objetivo en concreto.

Intereses profesionales: A las personas que tengan cartas astrales en las que Marte sobresale les atraerán profesiones en el ejército, en la policía, ser bombero, atleta, carnicero, cirujano, mecánico, guía, entrenador personal o entrenador deportivo.

En la mitología: Ares, el dios de la guerra, fortalece el espíritu de lucha.

Astronomía: Marte es el cuarto planeta de nuestro sistema solar más cercano al Sol. Tarda casi dos años, 687 días, en completar el recorrido en torno a este, y pasa aproximadamente un par de meses en cada signo. Se puede identificar a Marte por la luz rojiza que refleja, por la cual recibe el apodo de «el planeta rojo».

Palabras clave y conceptos: Asertivo, valiente, directo, enérgico, decidido, energía pura, masculinidad, adrenalina, impulso, ira, rabia, frustración, cómo obtener lo que queremos, competitivo, lucha, guerra, conflicto.

Marte es el planeta opuesto a Venus; mientras que el segundo planeta se relaciona con la dinámica femenina, Marte representa la dinámica masculina en tu psique. Marte es cómo pasas a la acción, cómo te reafirmas, cómo reaccionas ante tus deseos, te defiendes cuando es necesario y expresas tu ira y frustración. Es tu guerrero interior y cómo te defiendes a ti mismo. Mientras que Venus se siente atraído por el romance de la relación, Marte es el deseo carnal y salvaje que aviva la sexualidad.

El problema de ver a Venus y Marte de forma diferente siendo mujer u hombre es útil en parte, pero un porcentaje de ese lenguaje arcaico de la astrología nos limita a las identidades de genero que nuestra cultura nos ha impuesto. Todos tenemos un Marte y una Venus, y cuanto más se desliga una persona y se convierte en su propio yo, menos se transmiten estas fuerzas a la gente.

Como ya hemos mencionado en el apartado de Venus, Marte tiende a expresarse de forma distinta en hombres y en mujeres. En la carta astral de un hombre, Marte es la forma más cómoda que tiene de afirmar su masculinidad, mientras que en la de una mujer representa el tipo de asertividad y compañero apasionado que cumpliría con lo que busca.

Marte adquiere su nombre por el dios de la guerra y se conoce como «el planeta guerrero». A pesar de que su imagen es algo dura, los de Marte se pueden comportar como guerreros durante una discusión o una competición. Representa tu poder, voluntad, fuerza y empuje personales; cuando le desafían o le cierran el paso, su energía se vuelve abrasadora, volátil y agresiva. Muestra tu forma de lidiar con esta energía, la cual puedes sentir en el plexo solar cuando te enfadas. Está en ti y en tu libre albedrío lidiar con ese enfado o ese empuje interior o exteriormente. En su mejor forma, Marte te otorga fuerza y valor para actuar según lo que te convenga, pero cuando se descontrola conduce a la rabia, la frustración y los arrebatos de ira.

Marte es el planeta regente de Aries y te muestra cómo pasar a la acción con base en tus intereses. Como planeta personal, Marte cuida de ti, como si formase parte de tu consciencia en calidad de hermano mayor y que te defiende. Marte es tu forma de defenderte, de pasar a la acción, de no dejarte pisotear cuando te sientes amenazado.

Marte es el deseo de la sexualidad. Mientras que Venus es amor, calidez y la capacidad de disfrutar de la sexualidad, Marte es la moral arrebatadora sobre cómo actuamos a la hora de buscar nuestros intereses sexuales. Es el deseo que aviva el impulso; para perseguir algo debes anhelarlo primero.

Cuando Marte es demasiado fuerte, se manifiesta en tu personalidad siendo demasiado agresivo. Ya sea como alguien en busca de poder que intimida a la gente para conseguir lo que quiere a través de arrebatos de energía para hacerse con ella, como la persona adicta a la adrenalina que siempre siente la ira arremolinándose, o la pareja desconsiderada que solo se centra en buscar su propio placer; incluso la persona competitiva que lo toma todo como algo que ganar. Ese exceso de energía de Marte provoca que todos crean que están ganando, pero es indudable que siempre es a costa de alguien.

Utilizo el término «adicto» al referirme a los excesos de energía de Marte porque la naturaleza del aluvión de energía y poder que provee puede resultar adictivo. En el peor de los casos, la energía descontrolada de Marte puede conseguir que una persona sea propensa a las peleas, al peligro y a la violencia. Estas expresiones rebosan energía, aunque se trate de energía negativa que nos hará daño y nos provocará rencor.

La falta de expresión de Marte causa problemas para aquellos que todavía no hayan afirmado su poder personal y, por lo tanto, se lo dan a otros. Al sentirse inútil a la hora de defenderse, reculan en cualquier discusión y resulta fácil que la gente los convenza de algo. Las personas que no se han afirmado normalmente atraen a otros que suelen ser controladores, dominantes o manipuladores. En el peor de los casos, se quedan atrapados en la consciencia de la víctima, a la deriva.

Este sentimiento de impotencia persiste hasta que la persona aprende a afirmar su poder personal admitiendo su ira, frustración y decepción en lugar de decir que esos sentimientos los provoca otra persona. «Estoy enfadado» es una declaración poderosa, mientras que decir «Estoy enfadado porque _____» es una manera de conceder tu poder a la persona o cosa que te cause esa sensación.

Cuando Marte está en equilibrio y se ha integrado en las necesidades del resto de los planetas nos sentimos fuertes, seguros de nosotros mismos y valiosos. Al sentirnos seguros y valientes, esa persona manifiesta la capacidad de ser asertiva sin ser agresiva, con lo cual es capaz de transformar ideas, e incluso la frustración, en actos. Si una persona se siente frustrada por cómo está su jardín y transforma esa energía irritante en el acto de salir y trabajar en él, se va a sentir mejor, muchísimo más que si solo se queda con la frustración y no hace nada.

Cuando una persona equilibra los intereses sexuales de Marte con la habilidad de disfrutar de la experiencia de Venus, la sexualidad se torna más significativa y satisfactoria como parte integrada de una vida sana. Sin esa integración, el exceso de Marte se convierte en una carrera hacia el orgasmo y se pierde la intimidad de la experiencia.

Recurre a tu signo en Marte para ver cómo expresar la polaridad positiva de tu campo magnético de energía. Este signo muestra cómo tratas de obtener lo que anhelas y la manera más cómoda de reafirmarte mientras vas en busca de tus ambiciones. Tu signo en Marte influye en la expresión de tu apetito sexual, tu motivación, tu ambición, tu frustración y tu ira; todos provienen del planeta rojo.

Cuando sepas más de tu signo en Marte, aprenderás a entender cómo persigues lo que quieres de manera natural, y al compararlo con los valores de tu signo en Venus, sabrás si dar rienda suelta a la pasión te resultará gratificante. Esto te brindará la oportunidad de usar el libre albedrío; podrás actuar impulsivamente o controlar el impulso. Aprenderás qué aspectos de tus pasiones e impulsos realzan tu vida y cuáles provocan discordancia. La elección es tuya.

Recurre a tu casa en Marte para ver en qué área eres más resuelto. Dicha área será el espacio donde muestres más pasión y en ocasiones terquedad, por lo que se convierte en un espacio volátil en el que serás vulnerable ante la ira o la frustración.

Los planetas que hemos descrito hasta ahora, desde el Sol hasta Marte, son planetas personales; describen tus características o rasgos. Son partes de tu personalidad y pueden cambiarse o conocerse. Tú eres quien los domina; bien puedes moderarlos o realzar la presencia de esos planetas. A continuación, proseguiremos el recorrido planetario hacia los planetas sociales, Júpiter y Saturno, y analizaremos su papel en nuestras oportunidades, en las responsabilidades, en nuestra sociedad y en nuestra cultura.

JÚPITER ♃

Simbolismo: La necesidad de expandirse

Signo: Sagitario

Casa: Novena

Asociación corporal: Muslos, nalgas, hígado

Colores: Añil y morado oscuro

Gemas: Turquesa, lapislázuli y sodalita

Día de la semana: Jueves

Símbolo: ♃ La cruz de la materia debajo, con la curva del alma ascendiendo a partir de ella, inyectando al plano terrestre pensamientos idealistas.

Intereses profesionales: A las personas que tengan el signo destacado en Júpiter se les daría bien ser docentes, profesores, cabilderos, promotores, escritores, jueces, abogados, sacerdotes, misioneros, trabajar en un puesto internacional o en la industria de los viajes, la caridad o en algo a gran escala.

Astronomía: Júpiter es el planeta más grande de nuestro sistema solar y se ve fácilmente en el cielo por la noche. Su masa es enorme, y su campo gravitatorio atrae a muchos meteoros y asteroides, protegiendo así a la tierra de los invasores espaciales y otorgándole a Júpiter la reputación de «el gran benefactor».

En la mitología: Zeus en la mitología griega y Jove en la romana: el rey de los dioses. El término «jovial» proviene del nombre romano de Júpiter, que le concede una naturaleza feliz y animada.

Palabras clave y conceptos: Extenso, generoso, afortunado, confiado, optimista, creencias, esperanzador, viajes largos y experiencias de aprendizaje, filosófico, próspero, abierto, sociable.

Júpiter y Saturno son los dos planetas sociales y se identifican con tu participación en la sociedad. Analizaremos a Saturno después, en su papel de mantener la sociedad unida gracias a la autoridad de las leyes y las normas, mientras que Júpiter es el que vincula a los integrantes de la sociedad a través de la cultura, las tradiciones, las creencias, las religiones, las filosofías y el espíritu de justicia. Júpiter anima a la benevolencia, la generosidad y las ganas de crecer, expandiendo todo lo relacionado con su posición, a veces hasta demasiado, razón por la cual cuando mejor se muestra es tras los límites de Saturno.

Júpiter es el planeta más grande del sistema solar (¡podrían caber mil Tierras en Júpiter!) y tiene que ver con aquello que se expande en nuestra psique, desde lo material hasta lo espiritual. Júpiter aviva la búsqueda de un propósito superior y dota a nuestra personalidad de optimismo, seguridad, perspectiva, generosidad y benevolencia esté donde esté en nuestra carta astral. Júpiter es el planeta regente de Sagitario, el arquetipo explorador en una misión en pos de descubrir la verdad y con el que nos abrimos más allá de los límites existentes con tal de experimentar la abundancia que la vida nos ofrece.

Júpiter considera la vida como un campo de oportunidades que podemos explorar, experimentar y del que nos podemos enriquecer. El propósito de Júpiter es mostrarse a la gente con una actitud positiva, por eso siempre que busca lo mejor, lo termina encontrando. Esa «suerte» de Júpiter proviene de dicha actitud de presuponer que las cosas irán bien bajo su influencia. La naturaleza expansiva de Júpiter también es inclusiva; anima a que otros formen parte de algo con la actitud de «Cuantos más, mejor».

Como Júpiter es el planeta más grande, este indica en qué área de tu carta astral buscas ir más allá y lograr objetivos para mejorar y enriquecer tu vida. También puede representar la seguridad que sientes cuando te juntas con otras personas que piensan como tú.

A Júpiter se lo conoce como «el gran benefactor» y brinda oportunidades especiales y suerte esté donde esté, más incluso que Venus, «el benefactor menor». Te da un propósito, te brinda la esperanza de un futuro mejor con esa actitud optimista, con fe y con una perspectiva de la vida más amplia. Este planeta te anima a aprovechar las oportunidades que te brinda la vida, y aunque a veces resulta demasiado optimista, su credo es que «La vida son experiencias, ya sean buenas, malas o neutras, y ya que aprendes de ellas, dile que sí a la vida».

El campo de conocimiento de Júpiter es la mente superior, que se expande a través de los viajes, la filosofía, la búsqueda de la verdad, la religión, la metafísica y la educación. Este tipo de conocimiento es distinto al de Mercurio con respecto a la mentalidad rutinaria. En Júpiter nace el sistema de creencias que te guía a lo largo de la vida.

Si una persona no cuestiona las creencias que tanto su familia como su cultura le enseñan, Júpiter puede volverse dogmático; la persona creerá que lo correcto son la filosofía, la religión y las corrientes políticas que le han inculcado; mostrará desprecio hacia las posturas políticas, filosóficas y religiosas de aquellos que no comparten su opinión. Lo mejor es cruzar los límites y las creencias existentes y abrirse a las perspectivas del mundo. Cada una te ofrecerá algo, y será entonces cuando tu experiencia aumentará.

Al igual que sucede con el resto de los planetas, Júpiter posee un lado problemático. Tanto expandirse puede conllevar el exceso, lo «demasiado», ya sean complacencias, derroches, ofertas, planes o abarcar demasiadas actividades, todos nos mostramos vulnerables ante un tipo u otro, como la tendencia de Júpiter a tener demasiadas cosas buenas. Algunos ejemplos de cuando a Júpiter se le van las cosas de las manos son que pueden pecar de demasiado confiados o tender a exagerar o a mostrarse demasiado arrogantes.

Cuando se presentan obstáculos ante Júpiter en la carta astral, ya sea por su ubicación o los aspectos, la persona tiende a carecer de confianza a la hora de ser capaz de mejorar su vida o se resigna a un puesto de trabajo insatisfactorio. La pregunta de «¿Para qué sirve esto?» turba la perspectiva de la vida de esa persona.

Si tu signo en Júpiter encuentra obstáculos en tu carta astral, lo mejor será que encuentres a profesores, motivadores o fuentes de inspiración que te lleven hacia una perspectiva de la vida más positiva.

Cuando la expansión de Júpiter se equilibra con los límites saludables de Saturno, obtenemos las mejores cualidades, las cuales conducen al crecimiento sostenible. Otorga una naturaleza amable, benevolente, guiada por los principios que rigen una vida moral y ética. Las personas con las que Júpiter se integre bien compartirán sus creencias y opiniones con la gente cuando se sientan cómodos, pero percibirán cuándo refrenarse antes de que su entusiasmo pueda parecer abrumador a los demás.

Recurre a tu signo en Júpiter para averiguar cómo conseguir una vida mejor. El signo en Júpiter también muestra la naturaleza de tu filosofía de vida y lo que idealizas, así como tu actitud con respecto a la educación, la política y la religión. Este signo muestra además tu generosidad; lo que te gusta ofrecer a los demás cuando te sientes generoso, magnánimo. El signo en Júpiter describe qué situaciones sociales te resultarán gratificantes.

Recurre a tu casa en Júpiter para ver en qué punto te sientes más optimista y abierto con respecto a tu filosofía de vida.

Te resultará el área más satisfactoria y donde alcanzarás objetivos nuevos y experiencias de aprendizaje. Esta es tu casa de la suerte, donde querrás hacer cosas a gran escala y tirarte a la piscina. También puede ser el área en la cual te muestres propenso al exceso y al derroche si tienes una actitud de «todavía queda mucho». Incluso cuando haya complicaciones en tu casa en Júpiter, las cosas siempre parecen solucionarse bien gracias a la influencia del «gran benefactor».

SATURNO ♄

Nombre: El supervisor, el sargento instructor, el mentor, el monstruo de los «debería»

Signo: Capricornio

Casa: Décima

Asociación corporal: Rodillas, huesos, dientes, pelo

Colores: Gris, negro

Gema: Hematites

Día de la semana: Sábado

Símbolo: ♄ La cruz de la materia sobre la curva del alma, suprimiendo las preocupaciones terrenales; la naturaleza de Saturno.

Intereses profesionales: Las personas con un signo de Saturno destacado se sentirán atraídas por profesiones de dirección, administración, la industria financiera o la de la construcción, o serán científicos, jueces, archivistas, funcionarios, historiadores, albañiles u organizadores.

Astronomía: Saturno es el planeta más alejado del Sol que podemos ver. Tarda casi treinta años en orbitar alrededor del Sol. Es fácil de distinguir del resto de los planetas por los anillos tan llamativos que tiene. Al estar en el límite de lo que podemos ver o comprender, Saturno adopta el papel de guardián, de centinela, de tu vida, protegiéndote de lo que hay más allá del mundo conocido.

En la mitología: Saturno era Cronos, el guardián del tiempo, el que castró a Urano y lo despojó de todo lo que escapaba a su control; el resto de los planetas exteriores también escapan de dicho control. Los planetas transpersonales (Urano, Neptuno y Plutón) son ajenos a los intentos de ejercer control e imponer orden en tu vida, por lo que se consideran una amenaza para Saturno. Este planeta censurará estas fuerzas espirituales y misteriosas y, por esa razón, lo apodan «el guardián del umbral». Se deberá vencer a este guardián para abarcar a los planetas exteriores y el crecimiento que causan en la consciencia.

Palabras clave y expresiones: Fiable, disciplinado, autoritario, responsable, paciente, tenaz, perseverante, diligente, concentrado, riguroso, resuelto, solemne, ordenado, controlado, mentor.

Saturno y Júpiter son los planetas sociales y se complementan a la hora de trabajar codo con codo. Júpiter quiere crecer y expandirse continuamente, mientras que Saturno establece los límites y lidia con las restricciones y las ataduras necesarias para encargarse de cualquier objetivo. Júpiter se muestra optimista en cuanto a una situación y, por el contrario, Saturno tiene una perspectiva más distante y cercana a la realidad, tendiendo más al pesimismo. Júpiter representa los beneficios de formar parte de una cultura y, a su vez, Saturno representa las responsabilidades que tiene cada persona a la hora de cuidar esa sociedad. Podríamos decir que Júpiter representa los beneficios de los caminos pavimentados y sencillos que conducen a las escuelas o los parques y Saturno, los impuestos que hay que pagar para conseguir dichos beneficios.

Saturno es el supervisor de tu carta astral y siempre te recuerda lo que deberías hacer. Como planeta social, nos da una responsabilidad social y nos enseña la forma de encontrar seguridad en el mundo a través de la aceptación de reglas, protocolos, compromisos, responsabilidades y deberes. Esté donde esté en tu carta astral, Saturno exige orden y organización para lograr el éxito a largo plazo.

A menudo le hacen la cama a Saturno porque se asocia a los desafíos, las dificultades e incluso al karma; sin embargo, sin la influencia de Saturno, el caos reinaría. El control que ejerce no solo contiene la naturaleza expansiva de Júpiter, sino también la del resto de planetas cuando sobrepasan los límites. Ya sea al contener la ira de Marte, saber hasta qué punto debe llegar la búsqueda del placer de Venus o controlar lo que hace o dice Mercurio, Saturno nos recuerda que hay límites, responsabilidades y compromisos, así como que necesitamos autocontrol para no cruzar esas fuerzas limitadoras y definidas.

Saturno representa la autoridad y la ley. Cuando somos pequeños, son los padres quienes los proveen externamente, sobre todo aquel con el papel de autoridad dominante, y luego los profesores, los entrenadores y los jefes. Todos ellos imponen las normas o las reglas del sistema; son fuerzas que escapan a tu control y a las que te debes someter para evitar desaprobación o disciplina. De joven, la autoridad es externa, y puedes adaptarte a ella o rebelarte. Básicamente, Saturno te enseña a convertirte en tu propia figura de autoridad y a responsabilizarte de tu vida cuando eres adulto. También se le asocian los miedos e inseguridades a los que te enfrentas a la hora de tomar decisiones responsables durante el proceso de convertirte en tu propia figura de autoridad.

El camino de Saturno nunca es fácil, pero promete beneficios a largo plazo. Asociamos a Saturno con las lecciones que tenemos que aprender al enfrentarnos a situaciones complicadas en la vida. No es fácil, no, pero aprender estas lecciones será importante de cara a controlar nuestro camino. Al final, a pesar de los métodos difíciles, Saturno busca lo mejor para ti mediante la enseñanza del autocontrol.

Al convertirte en tu propia figura de autoridad, serás capaz de personalizar los problemas y los retos del mundo identificándolos como oponentes materiales: proyecciones externas de las fuentes de tus propias dificultades. Entonces, en lugar de percibir que el mundo es injusto por imponerte restricciones, empezarás a asumir responsabilidades ante los problemas y los retos en tu vida como si estos fueran lecciones para desarrollar autocontrol y disciplina.

Las leyes de Saturno son claras: cuanto más autocontrol y disciplina muestres con tu signo en Saturno, menos dificultades tendrás con figuras de autoridad. Y sucede lo mismo al revés: cuanto menos autocontrol tengas, a más dificultades y retos te enfrentarás de cara a las figuras de autoridad. Si te mantienes en el límite de velocidad, no tendrás problemas; sin embargo, si lo rebasas, las autoridades te podrán sancionar.

Saturno aprieta, pero no ahoga. Sus limitaciones pueden crear obstáculos, desafíos e incluso complicaciones, pero si perseveras, el éxito que logres perdurará. Con Saturno siempre se debe lograr el éxito. En el mejor de los casos, Saturno ayuda a una persona a volverse diligente, perseverante y fiable, con un sentido del deber hacia las responsabilidades y los compromisos que brindará control y orden a tu vida.

Cada planeta tiene atributos tanto positivos como negativos, y los de Saturno son legendarios. En el peor de los casos, Saturno provoca dudas, negatividad, rechazo, desaprobación, fracaso, decepción, adversidades y problemas crónicos con la salud, las finanzas o las relaciones. Un foco excesivo de Saturno templará las emociones de una persona, la volverá indiferente a la sensibilidad de los demás, como si no fuese más que una señal de debilidad.

La lista de dificultades que se asocian con Saturno resulta abrumadora y nos motiva aún más a aprender lo necesario para ser capaces de seguir adelante. Los problemas de Saturno no aparecen por sorpresa; son como un susurro que termina convirtiéndose en un grito. Prestar atención a ese susurro antes de que se torne en un grito es una lección que se debería aplicar en todos los problemas de Saturno.

Recurre a tu signo en Saturno para desentrañar la naturaleza de los miedos, las inseguridades y las dudas que tienes que dominar para lograr el éxito a largo plazo. Tendrás que superar las limitaciones y las restricciones a través de un comportamiento realista y disciplinado. Tu signo en Saturno describe cómo asumes tus responsabilidades e influye a la hora de elegir profesión. El signo en el que está Saturno describe en qué aspectos de tu vida necesitas autocontrol para evitar dificultades que aparecerán de no ser responsable y disciplinado. Este signo también representa los rasgos de tu oponente: los aspectos de tu vida en los que es probable que tengas problemas y que proyectarás a los demás.

Recurre a tu casa en Saturno para ver en qué área de tu vida deberás superar las limitaciones y restricciones a través del autocontrol. También te mostrará en qué aspectos sentarás las bases y el sentido de tu vida. Tendrás que aprender lecciones en la casa en Saturno, pero gracias a la perseverancia, la disciplina y el trabajo duro, lograrás alcanzar el éxito a largo plazo.

Introducción a los planetas exteriores

Los tres planetas siguientes (Urano, Neptuno y Plutón) representan fuerzas de un orden distinto a los planetas sociales o personales. Los planetas exteriores se denominan «transpersonales» porque lidian con las fuerzas más allá del ego o del condicionamiento social o cultural. Saturno es el planeta más lejano que alcanzamos a ver y representa el límite de lo que nuestra mente consciente puede saber y comprender gracias a la lógica y a la razón. Hasta Saturno, hemos estado mencionando una realidad que apreciamos gracias a nuestra familia y a nuestro condicionamiento cultural, pero con los tres planetas exteriores trataremos un ámbito de la consciencia de naturaleza invisible y espiritual.

Puesto que los planetas exteriores existen más allá del ego, no responden a los intentos de este por controlar o rechazarlos. En el campo de la astrología solemos contar un chiste relacionado con eso: «¿Quieres oír cómo ríen los planetas exteriores? ¡Pues ve y cuéntales tus planes!». Se generan problemas con los planetas exteriores cuando el ego intenta controlar y dirigir estas fuerzas espirituales. Dirigir los planetas exteriores es evadirlos. Operan en el campo de la consciencia en lugar del material, nos abren los ojos a los niveles superiores de dicha consciencia.

A menudo, los planetas exteriores se consideran molestos para el ego, y lo son, porque no pertenecen a él; precisan que despertemos y abramos los ojos a un nivel de consciencia superior, más allá del control terrenal del ego. Para aquellos a quienes les interesa el despertar espiritual y el crecimiento de la consciencia, los planetas exteriores son los agentes del crecimiento espiritual. Dichos planetas pueden resultar una amenaza a los que no quieren que su mundo cambie y se resisten a cualquier cosa que escape a su control.

Cuanto más le interese el crecimiento de la consciencia y el despertar espiritual a una persona, mejor recibirá la influencia de los planetas exteriores.

A los planetas exteriores también se los denomina «planetas colectivos». Debido a su distancia con respecto al Sol, su órbita es lenta; ejercen su influencia a toda una generación. Urano posee una órbita de 84 años y pasa siete en cada signo, concediéndole a los que han nacido en uno de esos siete años el mismo signo que su Urano. Neptuno tiene una órbita de 165 años y pasa unos 13 o 14 en cada signo, influyendo en aquellos que han nacido en ese periodo de su ciclo. La órbita de Plutón dura 248 años, es bastante elíptica, y se pasa una media de 20 años en cada signo. Pasa mucho más tiempo en unos signos que en otros, y también influye a generaciones enteras.

Esta influencia colectiva esclarece lo que comúnmente se denomina «brecha generacional» y revela que en cada generación sí que hay fuerzas colectivas del más allá que las motivan.

Un aspecto destacable es que la ubicación de la casa de un planeta colectivo tendrá mayor impacto en tu vida personal que la ubicación del signo. Cuanta más influencia tengan estos planetas en una carta astral, ya sea por su ubicación u aspecto comparados con el resto, más atraída se sentirá la persona a los problemas exclusivos de la consciencia. Hay mucha gente que tiene una carta astral en la cual los planetas exteriores no destacan y, por lo tanto, estas personas se muestran cómodas viviendo en una consciencia limitada por Saturno y siguiendo lo que «se supone» que deben hacer, razón por la cual el crecimiento de la consciencia y el despertar espiritual no le interesa a todo el mundo; no lo ven necesario.

> *Un consejo:* Los planetas exteriores influirán bastante en la personalidad si cualquiera está conjunto o cerca de uno de los cuatro ángulos de la carta astral: la cúspide de la Primera, Cuarta, Séptima o Décima casa. Los planetas exteriores también ejercen una influencia igual de fuerte cuando, en la carta astral, están en modo dinámico (conjunción, oposición o en ángulo recto) a un planeta personal (desde el Sol hasta Marte).

¿Plutón sigue siendo un planeta?

Mucha gente quiere saber si los astrólogos siguen considerando a Plutón un planeta, ya que ahora lo clasifican como un «planeta enano» y lo han degradado de su lista planetaria. Clasificar a Plutón de un modo u otro no cambia su influencia; es como si cambiásemos de categoría a un manzano si el sabor de su fruta cambiara. Los astrólogos han pasado mucho tiempo observando la energía transformativa de las influencias subconscientes que Plutón saca a la luz y continuarán usando este arquetipo inherente a la consciencia humana.

Los descubrimientos de los planetas exteriores son bastante recientes en comparación con el tiempo que llevamos observando los cielos. Hasta que Galileo inventó el telescopio en 1609 no fue posible aprender más de los planetas exteriores y tener constancia de algo que va más allá de nuestra percepción.

Urano fue descubierto en 1781, durante la Guerra de la Independencia de Estados Unidos a la que siguió la Revolución Francesa, derrocando así el Antiguo Régimen. Esta revolución contra las fuerzas opresoras en busca de libertad e independencia es exactamente lo que identifica a Urano en nuestras cartas astrales.

El descubrimiento de Neptuno sucedió en 1846 gracias a que una predicción matemática, basándose en algunas irregularidades de la órbita de Urano, demostrase que hallarían otro planeta. Hubo un gran *zeitgeist* (una oleada de interés, un revuelo) en la espiritualidad y el trascendentalismo durante este periodo histórico. Las sesiones espiritistas, los videntes, los magos y el hipnotismo se volvieron tremendamente populares. El trascendentalismo es una creencia idealista en la unidad esencial de toda creación; el bien innato de la humanidad al que se puede acceder a través de un conocimiento profundo.

Plutón se descubrió en 1930, y más de una década después el mundo pasó a la era atómica con las amenazas y las promesas pertinentes. Plutón es el planeta de la transformación, de la muerte y la reencarnación, de la transformación final de la consciencia que se precisa para rendirse ante un poder superior. Plutón gobierna el inframundo, donde se nos conduce a través de los impulsos del subconsciente que nos destruyen la vida hasta que estos se vuelven conscientes, y ya podemos trabajar con ellos.

Con Plutón debemos purgar quiénes somos para no convertirnos en nuestra peor versión. Debemos identificar y purgar la oscuridad de Plutón, las motivaciones subconscientes y los impulsos que nos atraen al comportamiento destructivo antes de transformarnos y rendirnos a un gran poder, y así el propósito de nuestra alma se verá cumplido.

URANO ♅

Nombre: El despertador

Signo: Acuario

Casa: Undécima

Asociación corporal: Sistema nervioso, tiroides, glándulas pituitarias

Color: Aguamarina

Gemas: Cuarzo transparente, labradorita

Sentido: Intuición

Símbolo: ♅ Este es el símbolo más complejo de todos; se compone de la cruz de la materia sobre el círculo del espíritu con dos curvas a los lados de la cruz orientadas hacia fuera. Fíjate en que contiene el símbolo de Venus invertido debido al mundo del revés de Urano. Las curvas son como radares abiertos al más allá y a los destellos de información que nos llegan.

Intereses profesionales: Las personas en cuyas cartas astrales destaque Urano se sentirán atraídas hacia profesiones innovadoras en todos los campos; de salud, de electrónica, astrología, cualquier cosa alternativa o puesto que permita bastante libertad.

Astronomía: Urano es el primero de los planetas exteriores, con una órbita de 84 años, y pasa aproximadamente siete años en cada signo. Es único, ya que su eje está inclinado hacia el Sol, así que, en vez de girar como el resto de los planetas, rueda hacia el cielo. Esto nos anima a que hagamos las cosas a nuestra manera.

En la mitología: Urano, conocido como Ouranus por los griegos, era el dios del cielo que se emparejó con Gaia, la Madre Tierra. Era el padre de Saturno y los Titanes. Urano se ha ganado la reputación de «despertador» y «propulsor del cambio».

Palabras clave y expresiones: Intuición, altruista, originalidad, cambio, repentino, independencia, entusiasmo, sobrenatural, creatividad, progresivo, ciencia, ordenadores, nuevas tecnologías, innovador, perspectiva, individualidad. Cuando es problemático: anarquía, creencias fanáticas, ataque de nervios, anormalidad, conducta desviada, errática, poco fiable, rebelde, impredecible.

Expresiones positivas de Urano: En el mejor de los casos, Urano despierta la originalidad, la intuición, la independencia y las ganas de ser fiel a tu naturaleza. Eres capaz de defender tu verdad sin importar lo que piensen los demás. También sentirás libertad al reaccionar ante la gente: reacciones distintas para personas distintas; si no me juzgas, yo no te juzgo a ti.

Expresiones negativas de Urano: Los problemas a la hora de manejar la energía de Urano se manifiestan como excentricidades, rebeldía, problemas para cooperar con los demás y un sistema nervioso descontrolado. Que el símbolo de Urano ni se exprese ni se integre conlleva que no confíe en su propia opinión cuando esta dista de la de otras personas o de las convenciones sociales.

Urano es el primero de los planetas exteriores, de los transpersonales, y se lo conoce como «el despertador»; nos despierta del sueño de la realidad consensuada y nos anima a hacer las cosas a nuestra manera. Urano es la voz de los rebeldes, de los revolucionarios, de los reformistas y jamás de los conformistas. Es el portavoz de la evolución y el cambio en la carta astral y el lugar donde buscamos liberarnos de las reglas y explorar nuestra personalidad radical.

Urano brinda una perspectiva súbita y eventos inesperados a nuestras vidas que nos abren los ojos a una forma de vida fuera de nuestro control. De la nada, se nos ocurren ideas brillantes. Tal consciencia es transpersonal y entra en contacto regularmente con la nuestra mediante destellos, pensamientos y descubrimientos repentinos. No provienen de nuestra mente, sino que aparecen por su propia cuenta.

Se deduce entonces que Urano está asociado a la inteligencia artificial, la física cuántica y todos los campos relacionados con los descubrimientos de éxito. Está en contra de seguir el ejemplo de cualquiera; prefiere confiar en su instinto a la hora de ir en busca de la verdad. Es el responsable de los cambios radicales, ya sean culturales o de personalidad. Mientras que Saturno provoca cambios lentos, paulatinos y regulares, los de Urano son repentinos, como de la nada, y a menudo nos conducen en una dirección totalmente distinta a la original.

La naturaleza impredecible de Urano se centra en los cambios bruscos que genera. Lo único predecible que tiene es que es impredecible, y que el cambio es inevitable. Y aunque parezca que los cambios provocados por Urano son desacertados, las circunstancias te obligan a que tus sentidos estén alerta, algo que generalmente no sucede cuando nuestra vida simplemente sigue una rutina. Agudizar nuestros sentidos supone hacerle caso a nuestra intuición para que nos ayude a encontrar el camino correcto, que a menudo aparece de forma imprevista.

Al ser un planeta transpersonal, la influencia de Urano se expande por el colectivo como las modas y movimientos que aparecen por todo el planeta.

A pesar de que la fuerza de Urano confiere a la persona una mente increíble con una perspectiva única y una perspicacia original, a menudo conduce a sentirse como un intruso. La mayoría de la gente se siente cómoda con el *statu quo* y el ritmo normal de las cosas, pero las personas bajo el signo de Urano hacen todo lo contrario a mantener ese *statu quo*; prefieren revolucionar. El destino de Urano es no encajar, y es eso mismo lo que sucede. Encaja en su papel de no encajar en la cultura dominante y ofrece una perspectiva innovadora en la cultura. No todo el mundo se mostrará dispuesto a escuchar este tipo de opiniones tan originales, y eso es algo que las personas bajo el signo de Urano tienen que aceptar. Ser incomprendido es el precio a pagar por la originalidad, pero eso es algo que les viene de fábrica. Se dice que tanto los locos como los genios se distancian de lo normal, y las personas bajo Urano seguro que entienden a qué se refiere ese dicho.

A menudo actúan de mensajeros, y lo que transmiten es como una semilla que madura con el tiempo. Las personas que ayudan a plantar esas semillas en la consciencia deben aprender que la satisfacción de ser mensajero llega a largo plazo. Si la influencia de Urano es fuerte en tu carta astral, tendrás que acostumbrarte a decir cosas que, a veces, no se entiendan cuando las explicas, pero que más tarde sí se comprenderán.

Urano se asocia a las cosas únicas, verdaderas, e incluso orbita de forma distinta al resto de los planetas. Mientras que los otros lo hacen cual peonza, como Urano tiene el eje perpendicular, orbita de costado. Urano gobierna a Acuario, el signo innovador del zodiaco, y prefiere seguir su propio camino.

Cuando hay que buscar otras soluciones, Urano tira para adelante; nos anima a mostrarnos creativos, originales. Por eso domina la tecnología, los descubrimientos y los avances de cualquier campo.

Urano es la octava superior de Mercurio. Mercurio es la mente lógica, regular, y Urano la perspectiva intuitiva y las soluciones repentinas sin tener que asimilar el proceso.

Un consejo: Los destellos que se asocian a Urano se componen de una energía similar a la eléctrica: el prana. Si una persona no conoce la fuente de esta energía, la puede sentir como si fueran nervios, ansiedad o incluso ataques de pánico. Si asimilamos que es la energía vital, el prana, la aceptaremos y seremos capaces de trabajar en ella. En otras palabras, hay que trabajar la respiración.

La energía fluye con la respiración y las artes místicas saben que una persona es capaz de insuflar algo a su ser gracias a la respiración. Observa tu forma de respirar cuando estés nervioso, asustado o sientas ganas de huir: respirarás de forma breve, agitada. Conduce el aire hacia tu tripa y, a la hora de expulsarlo, imagínate subiendo hasta la cresta de la ola de energía que sientes. Imita lo que hace un surfista cuando se aproxima una ola; tratar de tranquilizarla para que sea más fácil surcarla es inútil. O logras subir a ella o te caes, no hay más. Las cosas son como son.

El exceso de energía no existe, esa es la razón por la que la gente bebe café. No es que haya demasiada energía; el problema es que esa energía no circule. Cuando aguantamos la respiración pasa lo mismo con dicha energía. En lugar de apaciguarla, debemos respirar e imaginar que circula en nuestro interior.

Urano representa la evolución que se produce en nuestras vidas de forma inesperada y que exige que le hagamos caso, obligándonos a crecer, a evolucionar y a abrir los ojos a una realidad superior. Antes de que alguien se abra a este nivel de consciencia, el ejemplo de persona que ya lo ha conseguido es la que se integra y forma parte de la sociedad existente. Cuando suceden cosas que no encajan con el patrón de la conformidad, se consideran extrañas, casualidades o no se mencionan. La persona que no se ha abierto a la influencia de Urano sufre accidentes.

Cuando se adquiere el nivel de consciencia de Urano, no hay accidentes. Se acepta lo inexplicable como prueba de que hay situaciones en nuestra vida que escapan a nuestro control. La información que llega a nuestra consciencia a través de las funciones de Urano tambalea las estructuras sociales de nuestra identidad. En una consciencia pre-Urano, esto evoca tanto miedo como resistencia, mientras que a ese nivel sentimos entusiasmo ante la oportunidad de ver la vida de forma distinta.

Hay dos etapas a la hora de trabajar con la energía de Urano: en la primera se lucha en pos de la libertad, y en la segunda se expresa dicha libertad. Durante la primera etapa muestras la necesidad de demostrar que tienes derecho a ser libre atrayendo a alguien o formando parte de una situación que trate de controlarte. Te liberas y demuestras de esa manera que tienes derecho a ser libre. Se suele exagerar y decir «¡Voy a dejar el trabajo, separarme y marcharme de la ciudad! Se van a enterar de lo que es ser libre». Y nunca funciona.

La segunda etapa es irónica: si sientes la necesidad de demostrar que eres libre es que no lo eres tanto. Expresa tu originalidad y la libertad de ser tú mismo.

Recurre a tu casa en Urano para ver en qué aspectos de tu vida buscas esa libertad e independencia. Esa casa describe un área de tu vida en la que necesitas demostrar esa personalidad y en la que quieres apartarte de la norma, experimentar formas nuevas de hacer las cosas. Deberás prestar atención a las casualidades como si estas fuesen una guía intuitiva sobre las situaciones que se asocian a esta casa. Tu intuición siente que la casualidad va más allá: escúchala.

Recurre a tu signo en Urano para describir de qué manera tanto tú como aquellos que nacen en el periodo de siete años sentís las ganas de liberaros de los protocolos sociales y de las convenciones de la época. Te rebelarás contra los rasgos conservadores de este signo y las expresiones alternativas e innovadoras te atraerán.

NEPTUNO ♆

Nombre: El místico

Signo: Piscis

Casa: Duodécima

Asociación corporal: Glándula pineal

Colores: Violeta, lila

Gemas: Amatista, celestina, fluorita

Sentidos: Imaginación, visión espiritual, la psique, consciencia durante el sueño

Símbolo: ♆ La curva del alma surge de la cruz del plano material; abierta a las inspiraciones de lo superior, como un cáliz, y a veces posándose en el plano material como la niebla.

Intereses profesionales: A las personas con una gran influencia de Neptuno en su carta astral les suelen interesar profesiones como la de artista visual, director de cine, pintor, fotógrafo, mago; profesiones generosas con los demás: cura, sanador, voluntario; trabajos en los que se produce la sanación espiritual: videntes, médiums, lector de cartas del tarot; comerciantes de vino, anestesistas o trabajos relacionados con el agua.

Astronomía: Neptuno es un planeta gaseoso enorme, el segundo mayor por detrás de Júpiter. Como es el segundo planeta más alejado del sistema solar, tarda 165 años en orbitar y pasa aproximadamente 14 años en cada signo. Está cubierto de una neblina azulada que le confiere el apodo de «planeta azul».

En la mitología: Es Poseidón en la mitología griega, hermano de Plutón y el señor de los mares. Resulta confuso que sea un dios, porque las características de Neptuno son femeninas. La alternativa femenina es Kuan Yin, la diosa budista de la compasión.

Palabras clave y expresiones: Visionario, conciencia, sensibilidad, inspiración, fuente creativa, sueños, progresismo espiritual, compasión, trascendencia, indulgencia, películas, poesía, obras de teatro, místico, paranormal.

Retos: Sensibilidad extrema hacia el medio ambiente, espejismos, engaño, escapismo, crédulo, culpable, miedos imaginarios, adicción, negación, exceso de fantasías, punto muerto.

Neptuno es el segundo planeta más alejado de nuestro sistema solar, uno de los tres planetas transpersonales y lidia con el deseo de ir más allá de la realidad diaria y de escapar a un lugar más mágico, místico, de ensueño. Neptuno provee otro nivel de inteligencia más allá de la mente racional de Mercurio y la intuición de Urano. «Ve» y siente conexiones y significados que el resto de los planetas no ofrecen. La habilidad de sentir las realidades sutiles lo convierte en el planeta favorito de los videntes, los médiums, los lectores de cartas del tarot y aquellos capaces de sanar desde la distancia.

Neptuno recibe el apodo de «el gran solvente»; disuelve los límites de la mente racional y la consciencia centrada en el ego para que seas consciente de los planos sutiles y espirituales de la realidad. Se relaciona con el mundo onírico, ya sean sueños mientras la persona está dormida o despierta, porque es un lugar donde eres libre de dirigirte más allá de los confines de la mente racional. Este planeta insta a las experiencias trascendentales que se alimentan de las capacidades visuales, y la fuerza motivadora de esta visión es la imaginación.

Neptuno dota la carta astral de imaginación, aquella que tanto los artistas como las personas espirituales usan para obtener beneficios. Sin embargo, la imaginación también puede alimentar el escapismo, los engaños, las fantasías y los miedos imaginarios. Neptuno convierte lo imaginario en real, ya sea para bien o para mal. Es capaz de inspirar arte, películas, música, bailes, teatro y poesía increíbles. No obstante, si no se controla o se prepara, también es el causante de un punto muerto en el que ves las cosas como quieres que sean en lugar de como realmente son.

Se considera que Neptuno es la octava superior de Venus; la belleza y el amor se convierten en portales espirituales. El amor de Neptuno no es egoísta, sino que está dispuesto a sacrificarse por el bien de un ser querido. Neptuno marca lo encantador, lo glamuroso; es como si lanzara polvo de hadas a aquello que influye y practicase su magia, ya sea para bien o para mal.

Las fantasías también son obra de Neptuno, y esas fantasías llevan a la decepción. Es especialmente doloroso en el ámbito romántico, así que cuando empieces a sentirlo protégete preguntándote a ti mismo si estás enamorado de lo que querrías que fuera real respecto a tu pareja o de lo que verdaderamente es. Dicho análisis sincero siempre es importante debido a las influencias de Neptuno.

La mejor manera de lidiar con los problemas de Neptuno es asegurarse de que utilizas su energía enriqueciendo a tu alma, con meditación, paseando por la naturaleza, escuchando ciertos tipos de música o leyendo poesía o algo inspirador. Si cultivas el lazo con Neptuno con algún tipo de actividad enriquecedora para el alma, reducirás las apariciones dañinas de este en tu vida. Si este planeta ha de influirte, que sea para bien.

Neptuno representa la visión que te conecta a tu identidad transpersonal. En la astrología esotérica, Neptuno representa el cordón umbilical entre la fuente divina infinita y tú. El poder de la fe en la fuerza misteriosa no es nada nuevo para las personas que han integrado el nivel de consciencia de Neptuno en sus vidas. Este tipo de fe es poderosa debido a la habilidad de imbuir de significado a la vida.

Para comprobar que la función de Neptuno funcione, nos ayudamos de la visualización creativa, de soñar despiertos, de la meditación y de la oración. Neptuno aumenta la sensibilidad a las vibraciones sutiles y realza la artística. Deja volar su imaginación a través del cine, la fotografía, la música, el baile, la pintura, la escritura creativa o la poesía. El planeta también expresa su imaginación a través de los miedos; el tipo de miedo que creas. No es real, pero causa estragos en la psique.

Los artistas y los amantes de lo espiritual se aprovechan de las mejores cualidades de Neptuno haciendo uso de una fuerza vital que los provea de inspiración, la cual pueden integrar en su rutina. No escapan de la realidad, sino que logran que Neptuno forme parte de sus vidas y reciben los beneficios espirituales de las musas y las fuerzas espirituales, lo cual es clave. Si no se usa bien, Neptuno conduce al escapismo de una forma u otra, pero si se usa de manera adecuada, trasciende el terreno limitado de los sentidos y conecta con las fuerzas invisibles de la inspiración.

Recurre a tu signo en Neptuno para describir cómo percibes el idealismo, ya sea como vidente o de forma ilusoria. Debido a su movimiento lento en los cielos, se compartirá el signo en el que esté con las personas en un periodo de 14 años e influirá en los tipos de música y películas que le gustan a tu generación.

Recurre a tu casa en Neptuno para ver en qué parte de tu vida te muestras más idealista y sensible a las vibraciones sutiles. Podrás experimentarlo ya sea como confusión, miedo, fe o dirección, depende de tu capacidad de dirigir tus antenas espirituales. Aquí podrás usar tu imaginación mística, tus sueños y la sensibilidad psíquica para mejorar tu vida. Aunque resulta fácil trascender la realidad en tu casa de Neptuno, también podrás evitar la realidad bajo tu propia cuenta y riesgo. Y será aquí donde es probable que ofrezcas más que recibirás debido a la tendencia abnegada de Neptuno.

PLUTÓN ♀

Nombre: El transformador

Signo: Escorpio

Casa: Octava

Asociación corporal: Sistema reproductivo y de eliminación

Colores: Rojo oscuro y negro

Gemas: Granate y heliotropo

Función: Transformación

Sentidos: Psicometría, susceptibilidad, sentir a veces un presentimiento de fuente desconocida

Símbolo: ♀ El glifo de Plutón presenta tres elementos que componen los símbolos de la astrología: el círculo del espíritu acuñado en la curva superior del alma atravesada por la cruz de la materia. Plutón representa el poder de la transformación.

Intereses profesionales: A las personas con una gran influencia de Plutón en su carta astral les irá bien en profesiones relacionadas con hurgar más allá de la superficie; excavaciones, arqueología o la búsqueda de un tesoro enterrado; como psicoanalistas, psiquiatras o cirujanos; en posiciones de gran poder e influencia, como directores ejecutivos o líderes políticos o de negocios.

Astronomía: Plutón es el planeta más lejano de nuestro sistema solar y tiene una órbita elíptica de 248 años. Pasa 11 años en Escorpio y la friolera de 32 en Tauro, de media unos 20 por signo. Es el planeta más pequeño, tanto que los astrónomos de hoy en día lo han clasificado como «planeta enano», y menosprecian la influencia tan poderosa que ejerce.

En la mitología: Plutón es Hades, el gobernante del inframundo. Dicen que posee un casco de invisibilidad que le otorga la capacidad de influir sin ser visto. Debido a esto, Plutón rige las motivaciones ocultas y las influencias subconscientes que dirigen el comportamiento de una forma que la mente consciente no conoce.

Palabras clave y expresiones: Transformación, poderoso, turbulencias, muerte y reencarnación, destino, sino, controlador, dominante, manipulador, intimidante, motivaciones inconscientes, propósito del alma, persuasivo, comportamiento obsesivo compulsivo, influencias ocultas, misterioso, secretos, tabús.

Plutón representa las capas más profundas de la consciencia y la transformación que debe propiciarse para permitir la aparición de tu identidad transpersonal. No serás capaz de ver la influencia directa de Plutón a través de tu mente consciente; por definición, lidia con las motivaciones inconscientes, no las de la consciencia. A pesar de no ser capaz de ver la influencia invisible de Plutón directamente, podrás estar al tanto de ella observando su influencia en tu vida. Es como saber de qué forma sopla el viento: no puedes verlo, pero sabes que hay ráfagas, lo sientes chocar con tu cuerpo, ves que las ramas y las hojas de los árboles se mecen.

Plutón se describe como un volcán que propulsa la lava derretida que antes estaba escondida bajo la superficie. Provoca transformaciones que cambian tu vida, así como turbulencias; destruye lo que se ha creado y lo regenera: es el principio de la muerte y la reencarnación.

Plutón es capaz de manifestar un comportamiento obsesivo, lo cual suena como si debido a eso hubiera que recurrir a terapia para buscar ayuda, pero a los artistas, escritores y organizadores de proyectos les encanta que la energía arraigue. Yo soy escritor y cuando más feliz me siento escribiendo es en los momentos en los que me obsesiono por no dejar de escribir. Tal vez quedarme escribiendo hasta tarde me perjudique físicamente, pero es cuando mejor me siento, porque es una concentración intensa que lleva a los avances y a los logros más importantes.

Lo que es insano de Plutón no es el empuje persuasivo y obsesivo, sino la pregunta de si te estarás obsesionando con algo que te hace sentir bien o no. Que yo me obsesione con que el límite del vecino no está bien marcado y no descanse hasta demostrarlo es una obsesión insana, y en ese caso la terapia tal vez resultase útil. La clave de trabajar con esta energía tan poderosa de Plutón es transformar su tendencia destructiva y reconducir ese poder tan increíble hacia esfuerzos útiles (o al menos no tan dañinos) para ti y para los demás.

Antes de saber cómo funciona tu signo en Plutón, es probable que rechaces críticas sobre tus motivaciones ocultas con la típica frase de «Está claro que no me conocen». Este rechazo es igual que con los sueños; no creemos en ellos lo suficiente como para permitir que formen parte de tu consciencia. En cuanto estés al tanto de la función de Plutón en tu vida, las críticas inconsistentes con respecto a tus motivaciones se volverán información preciada que señalará los puntos muertos de tu personalidad. La puerta que conduce a la consciencia y el crecimiento definitivo se abre cuando trabajas en dicha información; somos conscientes de aquello que antes era inconsciente.

La función más relevante de Plutón es de naturaleza espiritual, evolutiva. Revela el propósito de tu destino y de tu alma. Sin embargo, el proceso de ayudar a deshacerte de quien no eres para convertirte en la mejor versión de ti mismo puede parecer más devastador que espiritual. Plutón no se lleva bien con el ego, y las personas que quieran mantener un orden en el que se incluya el ego y no quieran crecer y evolucionar en la consciencia considerarán a Plutón un enemigo.

Plutón revela el karma que se ha creado durante muchas vidas y pone de manifiesto el karma del que tienes que deshacerte antes de ser libre. Los problemas con Plutón provienen de los intentos del ego de dirigir el propósito del alma. Si el ego intenta dirigir el poder de Plutón, lo desviará de su camino en un intento por revelar el propósito de tu alma. Se revela solamente cuando eres capaz de rendirte a un poder superior al de tu ego.

Este tipo de rendición no es lo mismo que dar algo por perdido o abandonarlo; es el que se relaciona con la expresión de «Hágase no mi voluntad, sino la tuya». Es entregar tu voluntad a un poder superior, como Dios, la Madre Divina o tu ser superior, y permitir que ese poder se exprese a través de ti.

Hasta que la purificación final del ego permita que se revele el propósito de tu alma, Plutón seguirá causando turbulencias, una conducta compulsiva extraña y conflictos en tu ego que parecerán escapar de tu control hasta que por fin derrotes a tu ego y tu yo espiritual se haga notar. Al final Plutón ganará la batalla contra el ego al tener un as bajo la manga: la muerte.

Sí, Plutón gobierna la muerte e influye en ella y en la reencarnación, las cuales conforman el camino de la vida. El final de una relación que ha ido mal conduce al nacimiento de una nueva, o las mudanzas, cambios de ciudad, trabajo, amigos o intereses creativos; todos son ejemplos del final de una fase que da comienzo a la siguiente.

Trata a tu signo en Plutón como representante de los problemas que tu generación siente la necesidad de mostrar y transformar. Plutón es el planeta más lento, arroja su transformación a una generación entera, alterando de forma drástica y permanente la evolución de la civilización. En tu vida personal Plutón revela los problemas que hay que transformar para dejar atrás las sombras de tu personalidad y alinearse con el propósito de tu alma.

Recurre a tu casa en Plutón para revelar en qué área lidias con fuerzas que se escapan al control de tu ego. Aquí puede que muestres un comportamiento obsesivo compulsivo, y los sucesos de esta casa resultarán tan importantes para tu psique como las cuestiones de vida o muerte. Puede que experimentes turbulencias en esta área de tu vida que te obliguen a desprenderte de tu yo anterior y evolucionar a otras formas; es la muerte y la reencarnación. Deberás purgar quién eres para convertirte en quien estás destinado a ser.

El proceso de Plutón es como una serpiente que muda la piel que ya no le sirve y a la que le crece una nueva, y en tu casa en Plutón tal vez tengas que mudar algunas «pieles antiguas»: antiguas formas de ser que ya no te son útiles. Tras mudar y rendirte a un poder superior que se canaliza a través de ti, el nivel superior de Plutón revelará la dirección y propósito de tu alma.

El eje del Nodo Norte y el Nodo Sur

Los Nodos Norte y Sur no son planetas, sino puntos importantes conectados por un eje en el espacio. El ecuador celestial de la Tierra y el plano de la órbita de la Luna están ligeramente ladeados el uno hacia el otro, y el eje nodal es donde estos dos planetas se cruzan. Por lo tanto, cuando hablamos de nodos normalmente nos referimos a los Nodos Norte y Sur de la Luna, aunque todos los planetas tienen este eje.

El Nodo Sur hace referencia a lo que traes contigo de tus vidas previas y de tu infancia. Aquí te sentirás vulnerable ante patrones de comportamiento negativos que deberías dejar atrás. El Nodo Norte siempre se encuentra frente al Nodo Sur y se trata del camino del alma que evoluciona en esta vida. El signo y la casa de tu Nodo Sur te resultarán extremadamente familiares en esta vida, pero ya has aprendido de dichas experiencias en tus vidas pasadas y por lo tanto no propician crecimiento, sino que te arrastran hacia el pasado.

Nodo Sur ☋

En tu carta astral, el Nodo Sur revela qué experiencias y karma has traído contigo de tus reencarnaciones previas. Se puede manifestar en capacidades inherentes y talentos, así como en qué áreas arrastras bagaje emocional y patrones negativos que tiran de ti hacia tu pasado. El territorio del Nodo Sur es bastante familiar, pero no hace crecer la consciencia. Es el lugar donde tienes que dar y liberar, pero no ganar.

Lo mejor es usar las capacidades heredadas del Nodo Sur para ayudar a que la disposición del Nodo Norte crezca y se desarrolle. Los aspectos del Nodo Sur se entretejen con el karma, ya sea para bien o para mal. Los aspectos favorables para el Nodo Sur son la prueba del karma acumulado que te ayuda en esta vida.

Recurre a tu signo en el Nodo Sur para ver qué tipo de experiencias has traído contigo de vidas pasadas. El signo describe las características psicológicas que te resultan familiares pero que no ofrecen crecimiento alguno en esta vida. El Nodo Sur es donde tienes mucho que ofrecer debido a la familiaridad con este signo, pero no recibes mucha satisfacción de él. Lo ideal es que ofrezcas y recibas desde el Nodo Sur mientras absorbes aquello que puede ayudarte del Nodo Norte.

Recurre a la casa en tu Nodo Sur para ver qué tipos de experiencias has traído contigo de tu infancia y de tus vidas pasadas. Es un área de tu vida en la que las cosas te resultarán fáciles, demasiado incluso, y también en la que tienes bagaje emocional que deberías dejar ir desarrollando la casa en tu Nodo Norte. Es ahí donde atraes a la gente y las experiencias que tiran de ti hacia el pasado.

Nodo Norte ☊

El Nodo Norte es el camino que debes seguir para que tu alma crezca en esta vida. El signo y la casa en el Nodo Norte de tu carta astral revela qué tipo de actividades y experiencias enriquecerá el crecimiento de tu alma en esta vida. Aunque suene maravilloso, es territorio desconocido en el viaje de tu alma y a menudo resulta incómodo. No obstante, permitir las experiencias del Nodo Norte en tu vida es como alimentar a tu alma. «Permitir» es el principio clave; no tienes que lograr el Nodo Norte como si fuese un esfuerzo. Tu alma te proveerá de oportunidades para enriquecerse, así que solo necesitas aceptar y permitir que el alimento del alma del Nodo Norte forme parte de tu vida. No es que sea una fuerza persuasiva que requiera de tu atención; más bien lo contrario. Las experiencias del Nodo Norte no son algo que deba lograrse, como si hubiese que hacer algo; lo que hace falta es permitirlas. No hay que adquirir y traer nada a tu vida; ya forma parte de ella, solo hay que abrirse a la experiencia.

Recurre al signo en tu Nodo Norte para ver los atributos del ser que tu alma necesita para desarrollarse en pos de seguir creciendo y evolucionando en esta vida. Este signo siempre está frente al signo del Nodo Sur, el patrón habitual de hacer cosas y que te resulta mucho más familiar. Siempre suele haber una curva de aprendizaje en el Nodo Norte hasta que se vuelve un camino cómodo y familiar.

Recurre a la casa en tu Nodo Norte para ver qué áreas concretas de tu vida pueden proveerte de actividades que te enriquecerán el alma. Al ser lo opuesto a tu procedencia, esta casa puede resultarte extraña o incluso incómoda hasta que empieces a permitir que sus experiencias formen parte de tu vida. De nuevo, la palabra clave es «permitir», porque no es algo que tenga que irse construyendo en tu vida como si no hubiese estado ahí desde el principio. Las experiencias de esta casa ya están disponibles, así que permite que formen parte de tu vida para enriquecer el alma.

QUIRÓN

Nombre: El sanador herido

Símbolo: ⚷

Quirón fue descubierto en 1977 entre las órbitas de Saturno y Urano, y tiene una órbita elíptica de 50 años. Se ha clasificado como planetoide: una clase de objeto más grande que un asteroide pero más pequeño que un planeta. Su órbita es tan elíptica que en sus extremos el planetoide viaja tan lejos como Urano acercándose a la órbita de Saturno. Por eso se dice que Quirón es un puente entre el mundo que conocemos y los planetas exteriores, transpersonales.

En la mitología, Quirón era un centauro joven que se hirió a sí mismo mientras jugaba con una flecha con la punta envenenada. La posibilidad de que la herida fuera mortal lo instó a instruirse todo lo que pudo en la sanación, lo cual conllevó que se convirtiera en un maestro de la sanación. La moraleja de la historia es que el área donde tengas a Quirón es donde has sufrido heridas, y los intentos de sanar esas heridas te conducen por el buen camino.

Las heridas de Quirón no son como los infortunios que normalmente sufres en tu vida; son las experiencias que te causan heridas las que cambian el transcurso de tu vida en una dirección favorable. Una vez te recuperas de las heridas, Quirón representa dónde y cómo puedes ayudar a los demás a sanar las suyas.

Recurre a tu signo en Quirón para ver qué tipo de herida de la infancia sufres. Las cualidades negativas del signo describen dicho tipo. Busca las cualidades superiores de tu signo en Quirón para encontrar el camino para sanar y la forma de ayudar a sanar a los demás.

Recurre a tu casa en Quirón para ver en qué área de tu vida sucedió esa herida principal. Tal vez te sientas tremendamente sensible y vulnerable en tu casa en Quirón. Esta casa también muestra en qué área de tu vida tienes capacidades de sanar, que se pueden desarrollar y compartir con los demás.

5

Las casas

En la carta astral aparecen doce casas, al igual que hay doce signos del zodiaco, pero no debemos confundirlos: son dos ruedas diferentes. El zodiaco se basa en el movimiento anual del Sol alrededor de la Tierra, mientras que la rueda de las casas se basa en la rotación diaria de la tierra sobre su axis. Las dos ruedas se ensamblan según la hora y lugar exactos de tu nacimiento.

La posición de un planeta en tu carta astral se describe en ambas ruedas: el signo del zodiaco y la casa en la que se encuentra el planeta. Las casas son los doce sectores de un gráfico circular numeradas del uno al doce. La Primera casa siempre es el primer sector justo debajo del Ascendente, el punto más lejano a la izquierda del círculo que se mueve en sentido contrario a las agujas del reloj (figura 3).

Para una persona que nace al amanecer, el Sol siempre estará en el lado izquierdo del horóscopo. Si naces al mediodía, con el Sol bien alto en el cielo, tu Sol se encontrará en lo más alto de la eclíptica. Un nacimiento al atardecer tendrá el

Sol en el lado derecho y a la altura del eje horizontal, mientras que al nacer a medianoche el Sol se hallará en lo más bajo del círculo.

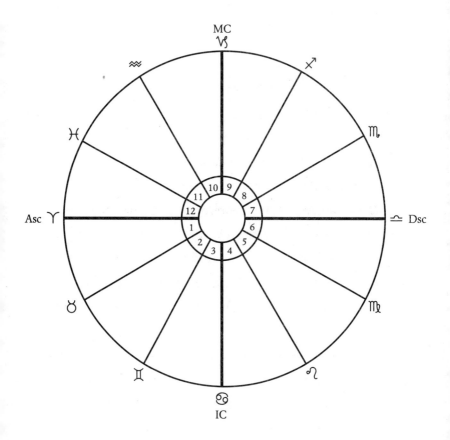

Figura 3. Las cúspides de las casas

Los hemisferios

La carta astral puede dividirse en cuatro hemisferios, como se muestra en la figura 4:

Sur (arriba): Social, relaciones, carrera profesional, comunidad.

Norte (abajo): Personal, hogar, familia, habilidades personales e intereses.

Este (izquierda): Con iniciativa, persecución de intereses personales.

Oeste (derecha): Hallar la dirección de su vida a través de las relaciones e interacciones con los demás.

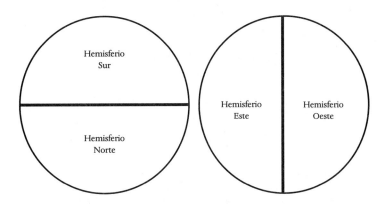

Figura 4. Los hemisferios

Los cuadrantes

La carta astral también puede dividirse en cuatro cuadrantes, como se muestra en la figura 5:

Primero: Desarrollo personal, «Me transformo».
Segundo: Expresión creativa, «Me expreso».
Tercero: Relaciones, «Me relaciono».
Cuarto: Social. «Tengo éxito».

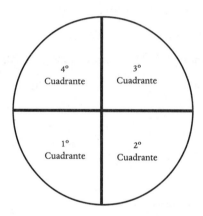

Figura 5. Los cuadrantes

Todos los sistemas de casas se calculan dividiendo el círculo del zodiaco en hemisferios, con la línea del horizonte de Ascendente y Descendente y el axis de la Décima casa (MC) y la Cuarta casa (IC). Estos cuatro *ángulos* se dividen entonces en doce casas, y cada sistema de casas usa una técnica distinta. Las más populares de entre los muchos sistemas de casas disponibles son el de Plácido, Campanus, Koch, Porfirio y el de Casas Iguales. Si estás empezando, quédate con el primer sistema que aprendas hasta que te sientas cómodo con él; entonces, explora cómo el resto de sistemas de casas hacen cambios sutiles en tu carta astral para ver qué sistema es el mejor para ti.

Al igual que los signos del zodiaco pueden agruparse según los elementos y las modalidades, las casas también se dividen en grupos con características similares.

La primera casa es de iniciación, y la segunda, de consolidación. Esta combinación conforma el ritmo de la astrología. Todas las casas siguen este patrón.

Iniciación: Números impares: 1, 3, 5, 7, 9, 11

Consolidación: Números pares: 2, 4, 6, 8, 10, 12

Al dividir las doce casas en tres categorías, se obtienen tres tipos de casas distintas, llamadas «angulares», «sucedentes» y «cadentes», con cuatro signos cada una. El patrón donde la Primera casa es angular; la Segunda, sucedente, y la Tercera, cadente, se repite hasta completar los doce signos. Por lo tanto, la Cuarta vuelve a ser angular; la Quinta, sucedente, y la Sexta, cadente.

Primera casa: Angular (iniciación)

Segunda casa: Sucedente (consolidación)

Tercera casa: Cadente (aprendizaje)

Cuarta casa: Angular

Quinta casa: Sucedente

Sexta casa: Cadente

Y así con los doce signos.

Casas angulares (1, 4, 7, 10)

Las casas angulares (figura 6) son las de iniciación a los asuntos del cuadrante. Los planetas en tus casas angulares están fuertemente ligados a tu identidad, y cuanto más cerca esté el planeta a la cúspide de la casa, más evidente será su influencia sobre tu personalidad.

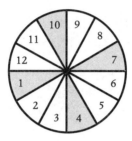

Figura 6. Las casas angulares

Casas sucedentes (2, 5, 8, 11)

Las casas sucedentes (figura 7) están en mitad de su cuadrante y son las casas de consolidación, donde desarrollas, administras y disfrutas de lo que iniciaste en las casas angulares. Las casas sucedentes dan poder de permanencia a los planetas en su dominio.

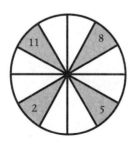

Figura 7. Las casas sucedentes

Casas cadentes (3, 6, 9, 12)

Las casas cadentes (figura 8) son la última casa de su cuadrante, donde aprendes de experiencias previas y te preparas para las que vengan en el futuro. Aquí es donde contemplas las consecuencias de tus vivencias en la casa anterior y empiezas a realizar ajustes para prepararte para los asuntos de la siguiente casa angular de iniciación.

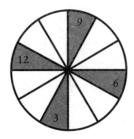

Figura 8. Las casas cadentes

Fíjate en que los doce signos del zodiaco están colocados parejamente alrededor de tu carta astral y las líneas que indican las cúspides de las casas tienen un número que representa el grado del signo, que no está alineado normalmente con el grado 0 de este. Esto se debe a que las casas se determinan según la hora y lugar exactos de tu nacimiento, y el signo ascendente podría ser cualquiera de los 360 grados del zodiaco, cambiando un grado cada cuatro minutos para hacer una rotación completa en un día.

Las casas se numeran en el sentido contrario a las agujas del reloj comenzando con el Ascendente, que es la cúspide de la Primera casa. Las líneas que separan una casa de la siguiente se denominan «cúspides».

Te habrás dado cuenta de que, en la mayoría de las impresiones de cartas astrales, cuatro de esas cúspides tienen nombres especiales. La cúspide de la Primera casa también se denomina «Asc» por «Ascendente», que es tu signo ascendente y el ángulo más importante que actúa como filtro para el resto de los signos en tu carta astral. El Ascendente puede hallarse fácilmente a la izquierda de tu carta astral. El signo opuesto a tu Ascendente es el «Descendente», o la cúspide de la Séptima casa. El Descendente también se denomina «Dsc» a veces, pero es bastante frecuente que no se incluya en la impresión. A la cúspide de la Décima casa se la denomina el «Medio Cielo», o «MC» (*Medium Coeli* en latín). El opuesto del Medio Cielo en la parte sur de la eclíptica es el «Fondo del Cielo», o «IC» (del latín *Imum Coeli*, medianoche, Nadir), o la cúspide de la Cuarta casa.

Las doce casas en total son todos los departamentos que conforman la vida humana. Son *dónde* tiene lugar la acción. Recuerda la analogía que he usado antes a la hora de describir la carta astral. Tú eres el director de la obra de tu vida: los planetas son el reparto de personajes en tu obra, los signos son los roles de los personajes y las casas son el escenario donde las escenas tienen lugar. Los planetas ejercerán su máxima influencia en tu carta astral en el ámbito representado por la localización de su casa.

El Ascendente (el signo ascendente) es la cúspide de la Primera casa y se encuentra en la misma posición en todas las cartas astrales (empiezan en el equivalente al nueve en un reloj analógico), y desde ahí las casas progresan en el sentido contrario a las agujas del reloj. El signo en la línea *cúspide* que separa una casa de la siguiente indica cómo realiza y completa las actividades de dicha casa una persona. El signo en la cúspide de una casa implica estar en la puerta de entrada de esa casa, y las cualidades del signo describen de forma ideal cómo sueles tratar los asuntos de esa casa.

Conforme leas este capítulo sobre las distintas casas, no pierdas detalle de cómo la influencia de cada una conduce de manera natural a la siguiente, hasta que al final se cubren todas las áreas de la vida. Fíjate en que la energía de una casa es prerrequisito para las lecciones que habrán de aprenderse en la siguiente. Las casas con planetas atraen la atención mucho más que aquellas vacías.

Las casas vacías

Las casas sin planetas no son menos importantes. He aquí una regla de oro: «Todos tenemos las doce casas en nuestra carta astral».

Hay una historia que ilustra la importancia de este principio: que todos poseemos todas las casas, hasta las que no contienen ningún planeta. Una vez tuve una lectura con una veinteañera que pareció marcharse sin ningún problema. Me dio la sensación de que estaba encantada de aprender de sí misma con todas esas formas nuevas que revelaba su carta astral. Pero más o menos una hora después de su sesión, recibí una llamada suya. Lloraba tanto que hasta le costaba hablar.

—¿Qué ha pasado? ¿Estás bien? —le pregunté, con inmensa curiosidad por lo que le pasaba.

Entre sollozos consiguió compartir su preocupación conmigo.

—La amiga de mi madre sabe de astrología —sollozo, sollozo, sollozo— y vio mi carta astral y me dijo que, como no tengo ningún planeta en la Séptima casa —sollozo, sollozo, sollozo—, ¡nunca me casaré!

Consulté su carta astral y le dije:

—¡Ay, pobre! Tampoco tienes planetas en la Primera, así que supongo que tampoco tendrás cuerpo.

Le expliqué aquella broma tan brusca diciéndole que por supuesto que tenía cuerpo y una casa de matrimonio, así como todas las demás casas. Todos tenemos las doce, y cuando no aparecen planetas en una, esa casa funciona sin estar sesgada por los planetas, por lo que opera sin tanta atención puesta en ella.

La Primera casa

La Primera y su punto de inicio, el Ascendente (el signo ascendente), representa el impulso primario de establecerte como un ente independiente. Después de la Duodécima casa, universal y cooperativa, la Primera emerge como lo hace una gota de lluvia de las nubes: como un millón de otras gotas de lluvia, aunque individuales, con distintas características y limitaciones.

El impulso de ser y de convertirse en un individuo es la necesidad principal de la Primera casa.

Mira qué signo aparece en la cúspide de tu Primera casa para describir cómo inicias actividades nuevas y las cualidades de la imagen, o máscara, que presentas de forma natural al mundo. El Ascendente te abre la puerta al entorno. Si desarrollas las cualidades de tu signo ascendente y las integras a la proyección de tu personalidad, tu entorno responderá mejor a ti.

El signo en la cúspide de tu Primera casa describe cómo tratas tu cuerpo físico, y si cuidas o no de él. Los planetas que aparecen en ella necesitan tener iniciativa propia e impacto en todo lo que hagas.

Un consejo: El planeta que domine la cúspide de la Primera casa se denomina «regente de la carta astral» y su influencia será dominante en tu vida. Mira el planeta regente de tu Primera casa por casa y signo para ver qué experiencias te ayudarán a definir tu personalidad.

La Segunda casa

En la Primera inicias experiencias para expresar tu identidad, y en la Segunda casa consolidas, completas y manifiestas los impulsos que nacen en la Primera. La consolidación de uno mismo comienza con el proceso de conciencia propia a través del desarrollo o disposición de los gustos personales. Te vuelves consciente de quién eres sabiendo lo que valoras y lo que aprecias. Empiezas desarrollando un entorno cómodo y añades sustento a tu persona aferrándote a objetos y posesiones que reflejen tus valores.

Esta es la casa de los recursos personales y de todo lo que posees a título personal. Y más importante que las posesiones materiales, tu Segunda casa revela las habilidades, talentos y aptitudes que usas para adquirir dinero y posesiones.

Fíjate en el signo en la cúspide de la Segunda casa para ver cómo conectas con las habilidades, los recursos y las destrezas que son las herramientas de tu seguridad personal. Este signo también describe tu actitud hacia el mundo material, el dinero y las finanzas. La Segunda casa está relacionada con las habilidades, los talentos y las destrezas que puedes desarrollar para ganar dinero y proveerte seguridad.

Un consejo: Fíjate en el planeta regente de tu Segunda casa por casa y signo para ver dónde y cómo desarrollar recursos y qué tipo de actividades realzan tus habilidades a la hora de obtener ingresos. La Segunda es la del dinero, y el planeta regente por casa y signo es el inicio del río que desemboca en tu casa del dinero.

La Tercera casa

La Tercera casa está en el área de la mente racional y lógica, y rige el habla, lo que te gusta aprender, internet, los ordenadores, los correos electrónicos, los mensajes de texto, los teléfonos y lo que te interesa hablar. Aquí es donde nacen la curiosidad y la necesidad de saber. Nos interesa el cómo y por qué funcionan las cosas. En esta casa se empieza a reconocer la relación que existe entre tu entorno y tú. Desarrollas habilidades de comunicación formando vínculos con los demás.

Conocida como «la casa de los hermanos», la Tercera describe la relación con tus hermanos, primos y tíos, así como con la gente que conoces a lo largo de tu vida y con la que te relacionas como si formaran parte de tu familia. Esta es la casa de los vecinos y de las escapadas dentro de tu misma barriada, a diferencia de la Novena casa, su opuesta, que trata los viajes de larga distancia o incluso al extranjero.

Fíjate en el signo en la cúspide de la Tercera casa para describir cómo afrontas la comunicación y el aprendizaje, así como de lo que te gusta hablar y pensar. También describe la naturaleza de tu curiosidad hacia lo desconocido y cómo tiendes a comunicar tus pensamientos.

Un consejo: Fíjate en el planeta regente de tu Tercera casa por casa y signo para ver de dónde obtienes información sobre la que pensar, aprender y comunicarte.

La Cuarta casa

La Cuarta casa es donde se consolida la identidad personal. El proceso, que comenzó como un impulso instintivo por expresarse en la Primera, una formación de valores en la Segunda y una conciencia del entorno en la Tercera, se completa en la

Cuarta. Los límites basados en las experiencias personales ya están establecidos, y dentro de estos límites te sientes cómodo expresando tu verdadero yo. El «yo» que consigues sin esfuerzo. Se requiere un esfuerzo para llegar a lo alto de la eclíptica, a tu Décima casa, mientras que, en la Cuarta, te deshaces del esfuerzo terrenal y te ocultas en el tipo de entorno que necesitas para sentirte como en casa. La memoria y las emociones nacen aquí. El hogar y la familia, los definas como los definas, son símbolos importantes de comodidad y seguridad.

La Cuarta casa describe los tipos de vivencias familiares que has tenido al comienzo de tu vida. Se encuentra en lo más bajo de la carta astral (su base) y describe lo que necesitas como apoyo fundamental para que tu identidad personal salga al mundo y para conseguir expresarte.

El signo en la cúspide de la Cuarta describe los tipos de actividades que pueden hacerte sentir psicológicamente seguro. En el mejor de los casos, creas un santuario propio donde puedes ocultarte: ese lugar que existe sin ningún esfuerzo en tu interior.

La Cuarta, la Octava y la Duodécima casa se relacionan con varias etapas de intimidad. En la Cuarta aprendes a intimar con tu yo más profundo; en la Octava, a intimar con los demás, y en la Duodécima, aprendes a intimar con Dios y con lo desconocido.

Fíjate en el signo en la cúspide de tu Cuarta casa para describir cómo creas un entorno que te haga sentir como en casa. El signo describe cómo y con qué actitud abordas los asuntos familiares y de tu hogar.

Un consejo: Fíjate en el planeta regente de la cúspide de tu Cuarta casa por casa y signo para ver qué tipos de actividades te ayudarán a fortalecer tu sentido de pertenencia.

La Quinta casa

En tu Quinta casa sales del hogar de la Cuarta y buscas pasarlo bien y expresarte de forma creativa. Todos los asuntos de la Quinta nacen del corazón: la diversión, el juego, las aficiones, las actividades creativas, los hijos, el romance y el entretenimiento. Son actividades en las que «tienes la suerte de» participar, no son una obligación para ti. Esta casa es el fruto de tu espíritu creativo, ya sea una aventura amorosa, la creatividad, la música o los hijos. Todos nacen de la expresión de tu espíritu creativo en tu vida.

Fíjate en el signo en la cúspide de la Quinta para describir tu actitud con respecto a tus habilidades creativas, cómo abordas la diversión, el juego y el descanso, así como el romance y los hijos.

Un consejo: Fíjate en el planeta regente de tu Quinta casa por casa y signo para ver dónde y cómo tener acceso a experiencias que realcen y enriquezcan tu expresión creativa.

La Sexta casa

La Sexta es la última de las casas personales bajo el horizonte y es donde das los últimos retoques a tu desarrollo personal antes de entrar en el mundo de los demás en la Séptima casa. En esta casa la mente se vuelve analítica en el proceso de la autocrítica conforme vas siendo consciente de los ajustes por hacer antes de convertirte en un participante eficiente en las relaciones sociales.

Mientras que la Primera casa es cómo experimentas la vitalidad, la Sexta se relaciona con los asuntos de la salud y, más concretamente, a cómo la cuidas. El signo en la cúspide de la Sexta describe cómo abordas el desarrollo personal en todos los aspectos. También describe qué tipo de ambiente y horario de trabajo te vienen mejor. A menudo se la denomina «la casa servicial» porque muestra dónde y cómo te gusta ayudar a los demás.

Aunque tu horario diario pueda parecer un asunto ínfimo en la inmensidad de tu carta astral, lo que haces en el día a día conforma tu vida. Al igual que los ingredientes de una sopa, muchos pequeños detalles juntos, uno por uno, le aportan sabor. Si los ingredientes no forman parte de la mezcla, faltará sabor. Si hay demasiada cantidad de un ingrediente, este dominará y subyugará al resto de sabores.

Tu rutina diaria es como una receta en la que aquello que hagas durante el día y para lo que saques tiempo son los ingredientes que le dan sabor a toda tu vida. Si no tienes tiempo para ciertos intereses y actividades, estas no formarán parte de la mezcla de tu vida. Si un tipo de actividad predomina sobre las demás, te quitará tiempo de practicar las otras. Tienes que discernir qué ingredientes quieres en tu vida y asegurarte de tener tiempo para ellos.

El enfoque de la Sexta casa es, primero, crear el horario para la calidad de vida que deseas en vez de esperar a que aparezca lo que quieres y tener que buscarle tiempo luego. Saca el tiempo para lo que más valoras con la Sexta casa.

Fíjate en el signo en la cúspide de la Sexta para ver cómo abordas tu rutina diaria, tu trabajo y lo que necesitas en tu entorno laboral. Este signo también describe tu actitud hacia la salud, el deporte, el desarrollo personal y también cómo cuidas de tu salud.

> *Un consejo:* Fíjate en el planeta regente de tu Sexta casa por casa y signo para ver dónde y cómo conseguir experiencias que puedan facilitarte el trabajo y la salud. La influencia de este planeta está directamente ligada a tu cuidado de la salud, a tu horario diario y a tu rutina de trabajo.

La Séptima casa

La Séptima es la primera de las casas por encima del horizonte y es donde aprendes sobre ti a través de la relación que mantienes con los demás. Esta evaluación e interacción con los demás aporta objetividad y equilibrio a tus percepciones. La Séptima casa es donde buscas relaciones basadas en la igualdad y, por lo tanto, también lidia con cómo negocias las diferencias que tienes con los demás con el fin de conseguir una situación beneficiosa para ambos. El matrimonio, los socios de trabajo y todas las relaciones de compromiso se encuentran en la Séptima casa.

Fíjate en el signo en la cúspide de la Séptima casa para describir tu actitud hacia las relaciones con los demás y qué cualidades te resultan más significativas e importantes en una relación. El signo en la cúspide de tu Séptima casa muestra tu estilo natural a la hora de limar asperezas con los demás para alcanzar un acuerdo mutuo. También muestra lo que necesitas en las relaciones para obtener un reflejo más claro de ti mismo.

Un consejo: Fíjate en el planeta regente en la cúspide de la Séptima casa por casa y signo para ver qué tipo de actividades pueden expandir y mejorar tus relaciones con los demás.

La Octava casa

La Octava casa es la consolidación de las experiencias vividas con los demás en la Séptima y donde debes pasar por tus propias transformaciones para experimentar su aspecto más profundo: la intimidad con los demás. Al conocérsela tradicionalmente como la casa del sexo, de la muerte y de los asuntos financieros, la Octava puede ser, fácilmente, la que más impacto tenga sobre la psique humana. Estos temas no son precisamente insustanciales y provocan profundos cambios psicológicos. Esta es la casa de la psicología profunda, donde tus intereses ahondan en la superficie de la realidad. Es, a menudo, donde guardamos nuestros secretos; no necesariamente malos, sino cosas que preferimos no divulgar.

Junto con el deseo de intimar con otra persona, en la Octava casa también nos enfrentamos a los recuerdos y la coraza de viejas heridas de otras ocasiones en las que nos han herido, traicionado o engañado. Todos los asuntos de confianza se vuelven importantes, puesto que es la única entrada disponible a la intimidad más profunda. Los planetas ubicados en la Octava casa a menudo permanecen ocultos a la vista de todo el mundo hasta que una relación los resalta.

La Octava casa representa los recursos compartidos y las inversiones que haces con los demás. Mientras que la Segunda define qué posees, la Octava se centra en los recursos de tu pareja. Otros aspectos de la Octava incluyen los impuestos, los préstamos y todo lo relacionado con la muerte, incluidos los testamentos y las herencias.

Fíjate en el signo en la cúspide de tu Octava casa para explorar las actitudes que presentas a la hora de entablar relaciones profundas e íntimas con los demás. El signo en la cúspide de tu Octava casa también revela la actitud que necesitas para estar dispuesto a cambiar y así experimentar esa profunda intimidad que anhelas.

Un consejo: Fíjate en el planeta regente del signo en la cúspide de tu Octava casa por casa y signo para ver dónde buscas vivencias que procesar en tu casa de transformación.

La Novena casa

Tras los profundos procesos psicológicos e introspectivos de la Octava casa, la actitud de la Novena entra en acción: «Debe de haber más en la vida que lo que sucede y acontece dentro de mí y de mis antiguas heridas emocionales; ¿qué más hay?». De este modo, la actitud del explorador y el aventurero nace en la Novena casa, con el impulso de explorar la vida más allá de los límites existentes y de descubrir la verdad a través de una perspectiva más amplia.

Las cuestiones abstractas, como tus creencias y opinión filosófica personal, que se convertirán en tus principios de vida se forman en la Novena, y puede generarse el deseo de compartir las ideas con los demás en forma de escritura, de blog o de enseñanza. En la Tercera, te centras en los intereses de tu entorno inmediato y familiar, mientras que en la Novena tus intereses se expanden hacia otros temas más distantes y externos.

Fíjate en el signo en la cúspide de tu Novena casa para describir tu actitud receptiva y tu interés hacia el aprendizaje continuo y las nuevas ideas. Este signo también define tu filosofía y tus creencias en lo referente a la educación superior, la religión y la política, así como tu interés en la enseñanza espiritual.

Un consejo: Fíjate en el planeta regente del signo en la cúspide de tu Novena casa por casa y signo para ver qué áreas de tu vida pueden alimentar tu sentido de la aventura y facilitarte el estudio minucioso. Este planeta influirá en tu filosofía de vida y en tus creencias.

La Décima casa

La Décima casa está en la cumbre de la eclíptica y muestra la naturaleza de tu ambición para llegar a la cima; la posición profesional y pública, así como la reputación que tengas son cuestiones importantes. Aquí es donde interactúas con la cultura y donde desempeñas un papel estableciendo tu posición en la comunidad. Esta es la casa del éxito, que cobra incluso más importancia si aparecen planetas en ella. Aquí es donde te responsabilizas, y el número de responsabilidades que puedas manejar influirá considerablemente en qué tipos de roles adoptarás y el éxito que obtendrás en ellos.

Otras cuestiones propias de la Décima casa incluyen el reconocimiento, el estatus, la fama, la notoriedad, los jefes y las figuras de autoridad.

Fíjate en el signo en la cúspide de la Décima casa para describir las cualidades que respetas en los demás y que aspiras a incorporar en tu propia vida. Este signo define tu reputación profesional y pública y la impresión que das a los demás. Los planetas ubicados en tu Décima casa influirán especialmente en tu profesión y en tu rol público.

Un consejo: Fíjate en el planeta regente del signo en la cúspide de tu Décima casa por casa y signo para descubrir qué tipo de actividades e intereses pueden ayudarte a conseguir tu papel en el mundo.

La Undécima casa

La Undécima casa es la casa de los amigos, de los grupos y de las preocupaciones sociales. Las relaciones que entablas con los demás en la Décima se forman con vistas a conseguir tu papel en el mundo y son de naturaleza jerárquica, pero en la Undécima conectamos con los demás por puras razones de amistad. El deseo de unirse a grupos para socializar con gente con gustos parecidos y de espíritu afín también se muestra en la Undécima casa.

La Undécima casa muestra además tu inclinación hacia las causas y el activismo sociales. En la Décima buscas hallar tu lugar dentro de la estructura existente llamada «cultura», y en la Undécima eres consciente de los cambios que necesita hacer el sistema para cubrir las necesidades de todos. De este modo, esta es la casa del altruismo y de las actividades humanitarias.

La Undécima casa es la casa de la esperanza, de los sueños y de los deseos de futuro, tanto tuyos como para la humanidad. Estos distan de los objetivos específicos y planeados.

Fíjate en el signo en la cúspide de tu Undécima casa para ver tu actitud hacia la amistad, los grupos, las causas y las preocupaciones sociales.

Un consejo: Fíjate en el planeta regente del signo en la cúspide de tu Undécima casa por casa y signo para ver dónde atraes a los amigos a tu vida y las actividades que mejoran tu vida social.

La Duodécima casa

La Duodécima casa es la más misteriosa e incomprendida de todas las casas. Se llamaba tradicionalmente «la casa del karma», de los enemigos ocultos, del fracaso personal y de las instituciones tales como las prisiones, que la hacen parecer una casa que debes evitar a toda costa. Tendrás que mirar más allá para hallar los tesoros ocultos en esta casa. Mientras que las demás casas tratan sobre ti y tu relación con el mundo, la Duodécima está en su totalidad dentro de ti y en tu consciencia interior.

Puede parecer una casa de los espejos o un episodio de la serie *En los límites de la realidad* a menos que encuentres medios más saludables de explorar el mundo interior de tu consciencia. La meditación, la espiritualidad, la contemplación y los sueños son formas saludables de explorar este mundo interior, donde el ego se diluye para que puedas distinguir mejor el enorme mundo espiritual de la consciencia en el que estás inmerso.

A menudo, los planetas en la Duodécima casa tienden hacia el autosabotaje. No olvidemos que es una casa donde el ego fracasa, no donde se realza. El fracaso personal ocurre porque este no es el lugar donde nuestro ego va a brillar. Los planetas en la Duocécima casa se sienten más cómodos operando entre bambalinas que bajo los focos. A menudo, cuando esta casa de absoluta abnegación sale resaltada en la carta astral, descubrimos la vocación de ayudar a los más desafortunados.

La Duodécima casa es la última casa de la eclíptica, y es aquí donde deberás enfrentarte a las consecuencias de las elecciones que tomaste en las casas previas: el karma. La sabiduría espiritual se gana considerando qué lecciones puedes aprender de tu karma. Ganar esta sabiduría libera el karma almacenado. Este puede desaparecer a través del servicio altruista hacia aquellos menos afortunados o alimentarse por medio de las drogas, el alcohol u otras formas de escapismo.

Fíjate en el signo en la cúspide de tu Duodécima casa para describir cómo abordas el mundo interior de tu consciencia. Este signo revela la naturaleza de tu karma almacenado y qué actitudes necesitas cambiar para poder alcanzar tu máximo potencial.

Un consejo: Fíjate en el planeta regente del signo en la cúspide de tu Duodécima casa para ver dónde y cómo puedes comprender mejor tu karma y cómo lidiar con lo misterioso, lo desconocido, los sueños y la espiritualidad.

6

Los aspectos

Cada planeta se encuentra en un lugar distinto dentro de su órbita, y los aspectos describen la relación geométrica entre ellos y sus órbitas. Al igual que el Sol y la Luna completan su círculo desde la luna nueva hasta la luna llena y viceversa, podemos analizar dos planetas cualesquiera en su movimiento cíclico con respecto al otro, desde la fase nueva, en la que se unen en sus órbitas, hasta la llena, en la que el más rápido de los dos planetas se distancia a 180 grados del planeta más lento.

El planeta más lento, el que más se aleja del Sol, es el ancla, o el planeta formativo, y el más rápido es el que se ve influido o moldeado por el lento. Es importante que cuando aprendas sobre los aspectos veas que no se asignan al azar, sino que son puntos específicos en el ciclo del uno al otro.

Los aspectos mayores

Vamos a echar un vistazo a los seis aspectos importantes (figura 9). La conjunción y la oposición son los más dinámicos, aunque la cuadratura se les acerca.

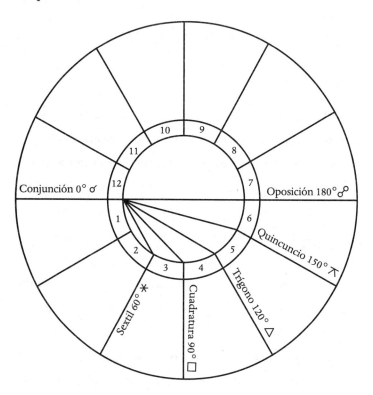

Figura 9. Los aspectos mayores

La conjunción (0 grados)

Se dice que los planetas que están en el mismo lugar en la carta astral están conjuntos unos con otros y sus influencias se combinan. A través de su unión nace algo. Las conjunciones pueden ser armónicas o inarmónicas dependiendo de los planetas involucrados. Las conjunciones con Saturno requieren aliarse con el autocontrol, la templanza y el sentido de la responsabilidad para lograr la mejor combinación. Sin estos atributos saturnales, sus conjunciones solo resultarán en retos y dificultades con respecto a las figuras de autoridad.

El sextil (60 grados)

El sextil es un aspecto de armonía creativa. Es la mitad del aspecto trígono (120 grados) y conduce la misma energía armoniosa, solo que con un poco más de entusiasmo y energía creativa.

La cuadratura (90 grados)

La cuadratura indica tensión motivacional. Los planetas que forman parte de una cuadratura actúan en contraposición y son dinámicos, estresantes y motivacionales. Las cuadraturas son la mitad del aspecto de la oposición (180 grados) y conduce la misma intensidad que él, aunque no con respecto a los demás, sino hacia los problemas.

La cuadratura nos motiva a pasar a la acción, pero sin ese componente de la acción, la cuadratura nos genera estrés. Si me frustra cómo tengo el jardín y más tarde salgo y trabajo en él y hago algo para dejar de sentirme frustrado, me sentiré mejor. Esto es lo que sucede con los aspectos que generan tensión: o pasas a la acción o te hundes en tu frustración.

Un consejo: La primera cuadratura de 90 grados conduce a la externalización de la tensión y, a su vez, a la actividad externa. La última cuadratura a 270 grados lleva a la internalización y a la reorientación de los objetivos como respuesta a la tensión.

El trígono (120 grados)

Es el aspecto más armonioso y fluido de todos. Casi siempre involucra a planetas del mismo elemento, lo que conduce a una familiaridad relajada entre dichos planetas.

Un consejo: Puede haber trígonos que se vean extraños unos con respecto a los otros debido a los orbes (descritos en la siguiente sección). Un planeta en los primeros grados de Aries puede estar en trígono con un planeta al final de Cáncer. Por ejemplo, el Sol en 2 grados de Aries y la Luna a 29 de Cáncer están a 117 grados de distancia. Se considera que esto está dentro del orbe del aspecto trígono, pero según el signo, Aries y Cáncer están en ángulo recto.

Quincuncio (150 grados)

El quincuncio, también denominado «inconjunto», no está tan cargado de tensión como los otros aspectos inarmoniosos, pero puede resultar aún más desquiciante. Los planetas en este aspecto de 150 grados no están conectados por su elemento, cualidad o polaridad; por lo tanto, hallar el camino a la resolución es más complicado. Los planetas que están en quincuncio pueden presentar «problemas aparentemente irresolubles». Enfatizo la palabra «aparentemente» porque no hay problemas irresolubles. Sin embargo, la mente se puede sentir arrinconada debido a este aspecto tan sutil pero potencialmente exasperante, lo cual se puede identificar fácilmente con los «pensamientos en bucle», sin resolución o con las distintas perspectivas. Este tipo de pensamiento es agotador. Después de pasar tiempo en estas situaciones en apariencia irresolubles, te sientes drenado.

En el quincuncio se suelen requerir modificaciones a la hora de establecer objetivos y técnicas apropiadas para lograrlos.

El pensamiento de «Déjalo estar» es un recordatorio mental de que los problemas causados por los planetas que están en quincuncio no pueden resolverse con la mente.

Geoffrey Rush mostró otra solución para los problemas aparentemente irresolubles en la película *Shakespeare enamorado*. Rush interpretó al productor de las obras de teatro de Shakespeare y, en cuanto sucedía alguna desgracia, como que el teatro se cerrase la noche antes del estreno, el reparto lo increpaba con la pregunta: «¿Qué vamos a hacer ahora?». Y entonces el productor alzaba las manos con picardía, guiñaba el ojo, sonreía y respondía: «¡Es un misterio!». Era un misterio que las cosas siempre se resolvieran, pero así era.

Otra solución es simplemente decir: «¡No, ya basta!». No dejes que esos pensamientos en bucle te dominen. A menudo, el quincuncio se manifiesta como lo que yo denomino «preguntas idiotas». Si entrases en mi despacho y vieras que estoy bastante afectado por algo y me preguntases qué pasa, y yo te dijera que intento decidir qué brazo amputarme y te pregunto cuál me sugerirías, me responderías que esa pregunta es una estupidez.

La cosa es que los problemas a la vuelta de la esquina no son excluyentes mutuamente; no hace falta cortarse un brazo u otro. Hemos de estar atentos para percibir que estamos atrapados en un bucle. Si no, parece algo nuevo, como si fuera la primera vez. En cuanto te percates del patrón, sacude la cabeza, inspira hondo y ordénate a ti mismo «¡Para!» o «Déjalo estar».

Al dejar sin respuesta a la pregunta intrascendente liberarás una energía que solías usar para formular preguntas estúpidas y que eran una auténtica pérdida de tiempo.

La oposición (180 grados)

La oposición se produce cuando los planetas están a 180 grados de distancia, exactamente opuestos en el zodiaco. Los planetas en oposición tienen necesidades y expresiones exactamente opuestas y normalmente se proyectan a los demás. Si tienes a dos planetas en oposición, como Marte opuesto a Saturno, te alinearás con uno u otro, como por ejemplo Marte, y atraerás a figuras de autoridad (Saturno) a tu vida que limiten o se opongan a tus acciones. La proyección de Saturno continuará hasta que poseas y reclames a ambos planetas opuestos. A medida que vayas desarrollando autocontrol y templanza (Saturno) de tus impulsos y deseos (Marte) dejarás de atraer a figuras de autoridad que te limiten.

La cuestión de los orbes

Un orbe es la divergencia que se permite del grado exacto asignado a un aspecto. Lo mejor para los principiantes es permitir los orbes más de lo normal hasta que se familiaricen con sus efectos. Por ejemplo, el aspecto de la conjunción es de 0 grados y, sin embargo, decimos que los planetas a menos de 10 grados de las lumbreras (el Sol y la Luna) están en conjunción dentro de un orbe de 10 grados (tabla 4). Para el resto de los planetas, se permiten 8 grados de orbe.

Aspecto	Orbe con el Sol y la Luna	Orbe con el resto de planetas
Conjunción	10 grados	8 grados
Oposición	10 grados	8 grados
Cuadratura	8 grados	6 grados
Trígono	8 grados	6 grados
Sextil	6 grados	4 grados
Quincuncio	3 grados	3 grados

Tabla 4. Los orbes

Las fases y los aspectos

Mientras el Sol y la Luna completan su ciclo mensual desde la luna nueva a la luna llena, los aspectos son la distancia que se mide en un punto en concreto del ciclo. Los aspectos son la distancia entre dos planetas en un punto en el ciclo de los 360 grados del ciclo de cada uno. Cuando los planetas están a 0, 60, 90, 120, 150 y 180 grados del otro, forman lo que denominamos un «aspecto mayor». Los planetas involucrados forman una relación dinámica entre sí; dependiendo del aspecto será alentadora o desafiante.

Al igual que el Sol y la Luna tienen su ciclo por la conjunción en la luna nueva y su oposición en la luna llena y vuelta a empezar, dos planetas cualesquiera también tendrán el mismo ciclo. Se juntan en la conjunción y luego el más rápido empieza a separarse del lento y al final acaban en oposición para después volver a empezar el ciclo de nuevo.

El planeta más rápido es el más cercano al Sol y el que tiene la órbita más corta. Aquí clasificamos los planetas con órbita de más rápida a más lenta:

La Luna (la órbita más rápida)

Mercurio

Venus

El Sol

Marte

Júpiter

Saturno

Urano

Neptuno

Plutón (la órbita más lenta)

¿Para qué sirve esto? Al analizar la relación entre dos planetas, observa cuál es el más rápido y el más lento. Este segundo es el punto de referencia de cuánto se ha separado el más rápido en su ciclo. El planeta rápido está atado al lento, por lo que el lento es la fuerza dominante de ambos.

¿Todas las cuadraturas son iguales?

Se conoce al aspecto de 90 grados denominado «cuadratura» por la tensión dinámica que puede resultar motivadora si reaccionas a ella, o frustrante si le das vueltas durante mucho tiempo. Las cuadraturas son motivadoras y precisan de pasar a la acción.

El significado de un aspecto nace de la fase en que los planetas están juntos, así que la cuadratura del primer cuarto creciente se vivirá de forma distinta que la cuadratura del último cuarto menguante.

Imagina de nuevo el viaje de dos semanas. Los retos que se viven de camino al destino se ven sobrepasados por el ímpetu que le pones a llegar a tu destino. Los retos que vives a la vuelta se enfrentan a la sabiduría que te otorga haberlos experimentado antes, por lo que consideras tus opciones antes de actuar.

Esto sucede no solo para las cuadraturas. Todos los aspectos, incluidos los sextiles, trígonos y quincuncios, pasan su fase creciente o menguante juntos, y para lograr un mayor conocimiento podemos usar esta relación.

La regla básica es: valora la fase en la que están los planetas con respecto al otro mientras valoras su aspecto exacto para lograr una comprensión más profunda.

Los patrones de los aspectos mayores

Denominamos «patrones de los aspectos mayores» a las conexiones que forman los aspectos en la carta astral. Crean unas influencias de energía específicas que se explorarán en esta sección.

La gran cuadratura

La gran cuadratura es un patrón de aspecto que se forma a partir de dos conjuntos de planetas opuestos conectados por cuadrados en ángulo recto (figura 10).

Es uno de los patrones más dinámicos y activos y requiere un estilo de vida dinámico y atareado con el fin de alojar la energía motivadora e intensa. No resulta fácil descansar o relajarse con una gran cuadratura; de todas formas, la energía intensa estaría arremolinándose hacia dentro. Las personas que tengan una gran cuadratura prosperan en un estilo de vida que al resto le puede parecer estresante, pero que para ellos es perfecto.

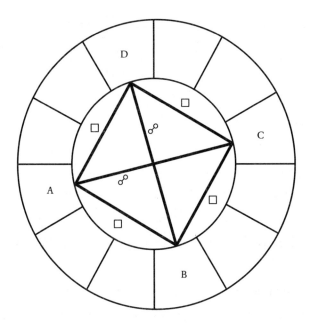

Figura 10. La gran cuadratura

La cuadratura en T

La cuadratura en T está compuesta por dos planetas opuestos y un tercer planeta en ángulo recto a los dos extremos de la oposición (figura 11).

Este es otro de los patrones de aspecto más intensos que hay y es más inestable que la gran cuadratura. Las personas que tengan una cuadratura en T en su carta astral se podrán sentir increíblemente motivados y lograr cosas magníficas en su vida si no malgastan las energías en los enfados insignificantes o en la frustración. La tendencia de la cuadratura en T es a *disparar* a la fuente de tensión percibida para liberar la creciente cantidad de energía. La energía de la cuadratura en T tiene que emplearse y centrarse en un gesto positivo del planeta focal (el planeta que está en ángulo recto a los extremos de los opuestos). También se podrá lograr estabilidad con la cuadratura en T si se cultiva el signo opuesto al signo del planeta focal: el espacio vacío que necesitamos rellenar para que provea estabilidad.

Imagina sentarte en una silla de la cocina a la que le faltan una de las patas: la cuadratura en T. Te puedes sentar en ella, pero siempre tendrás que compensar la falta de la pata para crear equilibrio y no caerte.

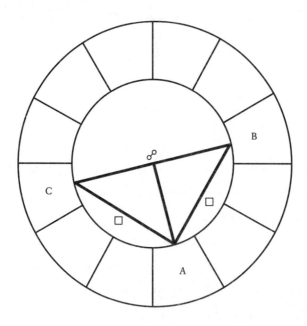

Figura 11. La cuadratura en T

El gran trígono

Dentro de los aspectos mayores, el gran trígono es uno de los más favorables, ya que conecta tres signos de un elemento formando un triángulo de trígonos con tres o más planetas (figura 12). Este patrón puede otorgar bastante talento en las áreas que rozan en tu carta astral. También puede proveer de fluidez y comodidad la vida de una persona debido a la capacidad de armonizar con la mayoría de situaciones.

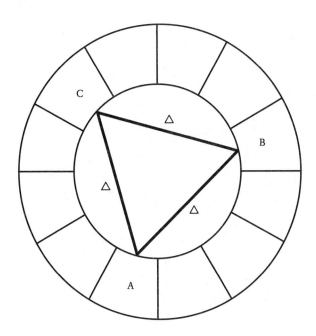

Figura 12. El gran trígono

La cometa

El patrón de la cometa se compone de un gran trígono y además el planeta opuesto de uno de los del gran trígono (figura 13). La oposición crea el vértice de la cometa y los otros dos planetas del gran trígono forman las alas. Los planetas de las alas están ambos en sextiles y trígonos con respecto a los planetas opuestos.

El diseño aerodinámico de la cometa le permite alzarse alto contra el viento de frente y provee a las personas que presentan este patrón de la capacidad de hacer lo mismo: elevarse alto contra la oposición.

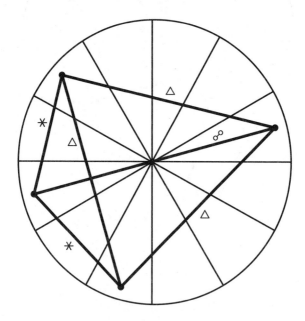

Figura 13. La cometa

El rectángulo místico

El rectángulo místico se compone de dos opuestos conectados por sextiles y trígonos en ambos extremos (figura 14). Este patrón otorga la capacidad de encontrar un escape creativo, la solución a los puntos de tensión y a lidiar con situaciones estresantes como si estas fuesen puzles que hay que encajar.

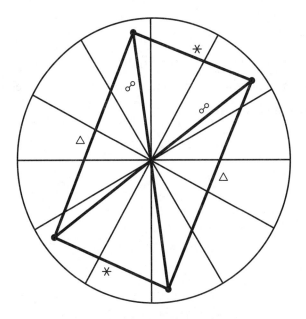

Figura 14. El rectángulo místico

Stellium

Un *stellium* es una acumulación de cuatro o más planetas en el mismo signo o casa (figura 15). Esta concentración de planetas se vuelve tremendamente influyente en la vida de la persona, desvía gran parte de su concentración y atención a esta área. Un *stellium* es como una mega conjunción; va a nacer algo en este punto. Si es favorable o no depende de los planetas involucrados y sus aspectos.

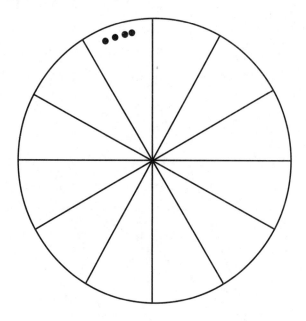

Figura 15. Stellium

Los patrones planetarios

Cada uno de los planetas tiene una duración de órbita distinta, así que hay infinidad de patrones planetarios en la carta astral: de estar todos juntos en un área de la carta astral a expandirse por ella o cualquier opción entre medias. Hay ciertos patrones planetarios que manifiestan características únicas. Los siguientes son los más relevantes:

El abanico

El patrón del abanico se forma cuando todos los planetas se encuentran a menos de 90 grados de cada uno (figura 16). Cuando los planetas están conjuntos, mezclan y unen sus influencias. Si tu carta astral presenta esta forma, todas las influencias planetarias están entremezcladas, combinando y realzando la energía de los demás. Esta enorme concentración de energía conduce a la capacidad de concentrarse en esa área de la vida sin las distracciones de otros planetas que desvían tu atención en otras direcciones. Esto te aporta concentración en lo referente a tus intereses, y a menudo conduce a desarrollar una habilidad tremenda en una única área.

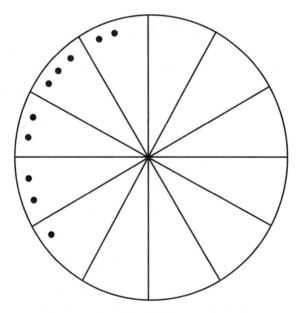

Figura 16. El abanico

El cuenco

El patrón del cuenco se forma cuando hay una oposición, con todos los planetas dispersos por un lado de ella (figura 17). La oposición es el borde y los planetas llenan los laterales y el fondo del cuenco. Una persona con esta forma en su carta astral no comprende cada moda o maestro nuevo que aparezca en su vida, puesto que ya se sienten satisfechos consigo mismos.

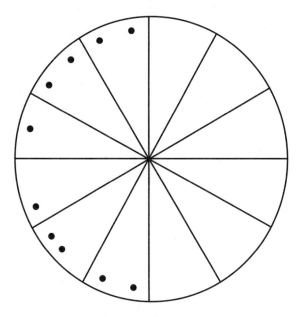

Figura 17. El cuenco

El balancín

El patrón del balancín es aquel en que todos los planetas están agrupados en dos grupos principales, opuestos el uno al otro, que establecen una vida de aprendizaje sobre las paradojas y la polaridad (figura 18). Parece que aquellos con este patrón siempre tienen a alguien con un punto de vista u opinión distintos a la suya, y deben aprender a adaptarse a esa naturaleza paradójica de la realidad. Aquellos con el patrón del balancín necesitan aprender antes que los demás que existe más de una perspectiva para cualquier situación. Cambiar la mentalidad de «esto o aquello» por otra de «esto *y* aquello» les brindará paz.

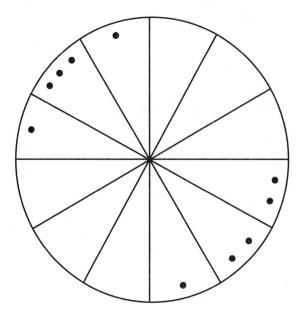

Figura 18. El balancín

El trípode

El patrón del trípode se forma cuando todos los planetas están ubicados en tres grupos distintos (figura 19). El trípode es como el patrón del balancín, solo que se le añade una tercera pata de otro planeta (o conjunción de planetas) fuera de la forma del balancín. El tercer planeta, o planetas, estabiliza la energía sirviendo de fuerza mitigadora, aliviando la tensión entre los grupos opuestos de forma creativa. El trípode no se queda atrapado en las polaridades como en el caso del balancín; siempre hay una solución a la tensión entre las polaridades.

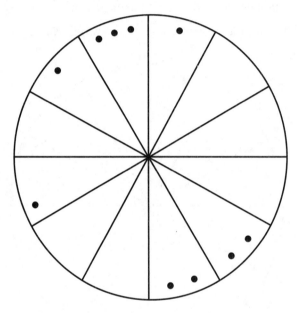

Figura 19. El trípode

Salpicado

El patrón salpicado es cuando los planetas están dispersos por todo el eclíptico, sin agrupamientos ni patrones de los aspectos mayores (figura 20). Al igual que los planetas están dispersos por toda la carta astral sin ningún patrón cohesivo, la atención de la persona se desvía constantemente y de manera simultánea en muchas direcciones distintas. Esto lleva a estar informado sobre una gran variedad de temas y de áreas de la vida: saber un poco sobre muchas cosas. No estar tan centrado en una única área hace de la gente con este patrón abierta y curiosa en muchas áreas. Se adaptan muy bien y son capaces de encontrar algo de interés en casi todas las situaciones, aunque pueden carecer de concentración y de la habilidad de acabar lo que empiezan.

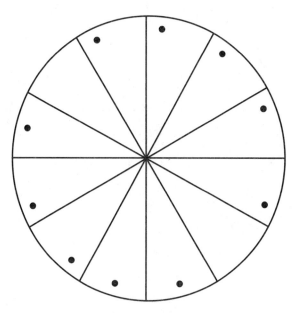

Figura 20. Salpicado

Esparcido

El patrón esparcido se forma cuando los planetas están espaciados de forma irregular por todo el eclíptico, con una o dos agrupaciones de dos o tres planetas (figura 21). Las personas con este patrón se vuelven independientes y autosuficientes y tienen la capacidad de ser fieles a sus opiniones; es difícil hacerles cambiar de opinión o ceder. Aquellos con el patrón esparcido a menudo encuentran complicado adaptarse a las demás personas o a las situaciones fuera de su zona de confort.

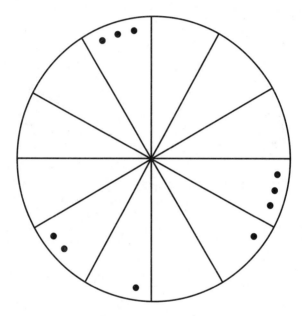

Figura 21. Esparcido

El embudo o la cubeta

En el patrón del embudo (o la cubeta) un planeta está en el lado opuesto de la eclíptica y de los demás planetas (figura 22). El planeta solitario es la parte principal de la carta astral a través de la cual los demás planetas pasan. El planeta aislado siempre será una influencia determinante mayor a la hora de dar forma a la vida de una persona. Esa habilidad de concentrar toda la atención en un área específica de la vida puede llevar a grandes éxitos y logros. La casa y signo del planeta solitario muestra en qué área de la vida recibirá esa atención tan concentrada.

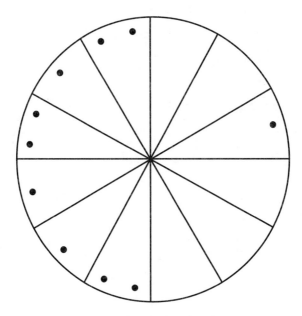

Figura 22. El embudo o la cubeta

La locomotora

El patrón de la locomotora (figura 23) es aquel en que todos los planetas se distribuyen dentro de 240 grados de la carta astral con un máximo de ocho signos (y, por lo tanto, con al menos cuatro signos vacíos). Este patrón aporta una determinación e impulso considerables, siendo el planeta principal (el que cruce primero el Ascendente en sentido de las agujas del reloj) el que más influencia tenga en la persona, como el motor de un tren. El planeta principal por signo y casa muestra cómo inicia proyectos la persona y luego el impulso del tren los lleva a término. A aquellos con el patrón de la locomotora les gusta tomar un buen impulso antes de lanzarse a todo aquello que hagan. Sus fortalezas estarán en los signos y casas que ocupen los planetas, mientras que los signos y las casas vacíos podrían no obtener mucha atención y llegar a ser problemáticos. Establecer un equilibrio es necesario, y se puede conseguir incluyendo algunas actividades relacionadas con las casas vacías.

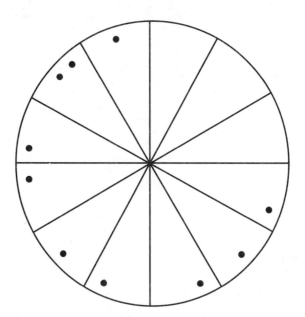

Figura 23. La locomotora

7

Los planetas retrógrados y los signos interceptados

A la vez que los planetas se mueven en sus diferentes órbitas alrededor del Sol, sucede un fenómeno interesante desde la perspectiva de la Tierra. Cuando un planeta rápido pasa junto a otro más lento en el cielo, el planeta lento parece estar moviéndose hacia atrás. Imagínate que eres un niño durmiendo en el asiento de atrás de un coche durante un largo viaje. Imagínate despertar y ver a un coche adelantarte por la autovía; en ese momento, puede parecer que estás moviéndote hacia atrás. Este es el fenómeno del movimiento retrógrado de los planetas.

Los planetas no van hacia atrás en sus órbitas, por supuesto. Es una ilusión óptica desde nuestra perspectiva, como el niño que se despierta en el coche. El retrógrado es el movimiento hacia atrás *aparente* de los planetas, no el movimiento en sí.

En general, para todos los planetas, es su posición relativa con respecto al Sol (y a la Tierra) lo que causa el movimiento retrógrado, y siempre sucede cuando orbitan lo más cerca posible de la Tierra, opuestos al Sol. Todos los planetas opuestos al Sol en la carta astral son retrógrados. Mercurio y Venus, cuyas órbitas están dentro de las de la Tierra, nunca aparecerán contrarios al Sol en una carta astral.

Los planetas retrógrados en la carta astral

No todas las cartas astrales contienen planetas retrógrados, que pueden identificarse con una «R» o el símbolo ℞ junto al planeta en una carta astral.

Ser retrógrado no implica ninguna debilidad de la función planetaria, pero sí que influye en cómo opera el planeta en tu carta astral. Más que depender del condicionamiento cultural, los planetas retrógrados internalizan su función.

Cogeremos de ejemplo el movimiento retrógrado de Mercurio para analizar este proceso. Cuando Mercurio aparece directo en la carta astral de una persona, dicha persona es capaz de encajar en el sistema educativo de su cultura y se adapta fácilmente a los métodos de aprendizaje que ofrecen allí. Cuando Mercurio está retrógrado en una carta astral, habrá diferencias de aprendizaje, y la persona hallará sus inclinaciones intelectuales más en su interior que en el exterior. Como ya he dicho, el movimiento retrógrado crea diferencias a la norma, no discapacidades.

Para personas con Mercurio retrógrado, no es raro experimentar picos de aprendizaje durante sus años académicos, sobresaliendo en algunas asignaturas pero teniendo que esforzarse en otras. Normalmente, una persona inteligente es capaz de sobresalir o al menos sacar buenas notas en todas las asignaturas. Una persona con Mercurio retrógrado podría sacar sobresalientes y notables en algunas clases, pero luego tener dificultad hasta para aprobar las demás.

Mercurio retrógrado crea unas aptitudes de aprendizaje específicas más que un interés general por todo. Steve Jobs tenía a Mercurio retrógrado en su carta astral y demostró tener una inteligencia superior para los ordenadores y la electrónica, y aun así no llegó a terminar la universidad, puesto que no encontraba su nicho dentro del sistema educativo convencional. Buckminster Fuller también nació con Mercurio retrógrado. Nació bizco y literalmente veía el mundo de forma distinta a los demás, y con su perspectiva única hizo algo creativo e inventó la cúpula geodésica.

Los niños con Mercurio retrógrado

A los padres con hijos que tengan Mercurio retrógrado en su carta astral les puede resultar muy útil entender sus diferencias de aprendizaje.

Un consejo muy útil es ser consciente de sus ciclos de buena disposición. Los niños con Mercurio retrógrado aprenden cosas nuevas cuando están preparados para ello. Por ejemplo, una niña con Mercurio retrógrado fue bastante precoz y sobresalió en la lectura, pero no aprendió siquiera las matemáticas más básicas durante sus primeros años de colegio. Quedó demostrado que la atención extra de sus padres y tutores le resultó exasperante y no sirvió de nada para la niña, que ni siquiera sabía sumar.

Esto se prolongó durante los dos primeros años de colegio hasta que, un día, la niña empezó a interesarse en abrir un puesto de venta de limonada y necesitaba saber cómo darles el cambio a los clientes. De repente, se le encendió una bombillita al ver cómo las monedas de 5 centavos formaban un cuarto de dólar, y cómo los cuartos de dólar conformaban un dólar. Con gran entusiasmo, la niña exclamó: «¡Anda, así que esto son las matemáticas!». En cuestión de poco tiempo, se puso al día y alcanzó a los demás estudiantes.

Es importante enseñar a los niños con Mercurio retrógrado según sus fortalezas, no sus debilidades. A todos los niños les encanta aprender, sobre todo si tienen interés. Cuando yo fui profesor en prácticas de una clase de segundo de primaria, me enseñaron a administrar una evaluación inicial al comienzo del curso para valorar las fortalezas y debilidades de cada alumno. Por aquel entonces, se usaba la prueba de desarrollo cognitivo según Piaget. Entonces, me indicaron que elaborara un plan de estudios para cada niño para así aprovechar esas fortalezas en lo que peor se le daba a cada uno.

Entiendo la lógica detrás de este tipo de estrategia de aprendizaje, pero es justo lo contrario a lo que necesitan esos niños con Mercurio retrógrado.

Consejos para los periodos de Mercurio retrógrado

Todos los planetas, aparte de las lumbreras (el Sol y la Luna), tienen periodos retrógrados cada año. Mercurio, el planeta más rápido, se vuelve retrógrado tres veces al año durante tres semanas cada una.

Cuando Mercurio está retrógrado, a menudo se vuelve una época de confusión para las personas. La noción popular es que, si algo puede salir mal, saldrá mal durante esos periodos, y es cierto que se pueden sufrir dificultades en cuestiones relacionadas con Mercurio, como la comunicación, la organización y los ordenadores. El consejo es comprobar y guardar una copia de seguridad para evitar sustos.

Mercurio retrógrado no tiene por qué ser sinónimo de problemas, y hasta podría resultar ser un periodo de tiempo favorable si haces los ajustes necesarios para alinearte con el movimiento retrógrado. Practica todas las palabras con el prefijo «re-» durante los periodos retrógrados: revisar, repensar, reconsiderar, rehacer, reevaluar, etcétera. Cuando Mercurio está retrógrado es un momento excelente para ponerte al día con todo lo que tienes pendiente para alinearte con el movimiento retrógrado de este planeta. No es la mejor época para comenzar nuevas ideas o proyectos, pero sí para completar y terminar asuntos con los que ya te habías comprometido.

A mí me resulta muy útil responder a la larguísima lista de cartas y correos que me he prometido leer en algún momento. Me gusta pensar que mi mente es, de algún modo, descarada en lo que quiere perseguir, y durante los periodos retrógrados llevo a Mercurio de vuelta a casa para poder revisar y reconsiderar lo que he estado haciendo. Estos periodos de análisis me parecen un descanso refrescante respecto a estar siempre avanzando.

Los planetas y los signos interceptados

Con la mayoría de los sistemas de casas más conocidos en uso, aparte del sistema de Casas Iguales, cada casa individual no presenta el tamaño exacto de 30 grados. Debido a esta irregularidad, no es raro que una casa sea lo bastante grande como para empezar en los últimos grados de un signo, abarcar enteramente el signo posterior e incluir los primeros grados del siguiente. Cuando una casa abarca enteramente un signo, este no está en la cúspide de ninguna casa y se dice que está «interceptado» (figura 24). Los planetas que aparezcan en un signo interceptado también lo están.

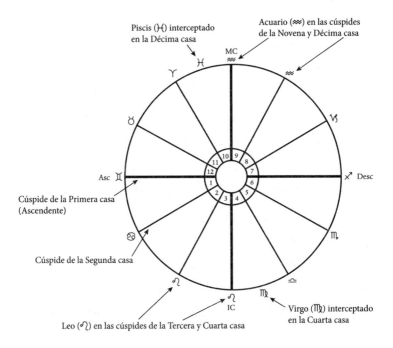

Figura 24. Cúspides de las casas e interceptaciones

Las interceptaciones ocurren en parejas. Si un signo está interceptado en la carta astral, el signo opuesto también lo estará.

El signo interceptado no está en la cúspide de la casa en la que se encuentra ni en la de la casa siguiente; por lo tanto, no tiene acceso al mundo exterior. Los planetas que están interceptados funcionan a la perfección dentro de la persona, pero no en el mundo exterior. Dicha persona aún no ha encontrado su lugar en el mundo.

Imagina que decides convertirte en astrólogo profesional y abres una consulta justo por donde pasan muchas personas.

La decoras a tu gusto y aguardas, emocionado, a que alguien entre. No obstante, ninguno de los muchos transeúntes lo hace, ni tampoco llama nadie. Tú sabes que eres buen astrólogo y que puedes ayudar a la gente con tus habilidades, pero nadie parece ser consciente de ello.

Después de mucha frustración, un día miras alrededor y te das cuenta de que no hay ninguna puerta que dé a la calle y de que la línea de teléfono aún no está activada.

Eso es lo que sucede con los planetas y los signos interceptados. Al final, eres tú el que tienes que abrir esa puerta; no puedes presuponer que los demás terminarán descubriendo quién eres sin haberles allanado el terreno. La expresión de los signos y los planetas interceptados en el mundo es tardía, pero no rechazada. Este retraso permite un desarrollo más puro y auténtico de las cualidades de los signos y los planetas interceptados de muchas maneras.

Regresemos a la analogía del astrólogo que acaba de abrir una consulta. Piensa en cómo será tu desarrollo como astrólogo si interactúas y recibes constantes comentarios del mundo exterior. A algunas personas les gustará lo que ofreces y a otras no. Algunos te darán consejos para poder convertirte en un mejor astrólogo y otros hasta podrían censurar que practiques la astrología en público. Todas estas evaluaciones constantes moldearán tu desarrollo basándose en lo que funciona y lo que no según el público.

Con las interceptaciones y la ausencia de puertas en la consulta, tu interacción con el público será escasa, pero, a su vez, todos esos comentarios influirán en ti y acabarán moldeándote.

Tal vez tardes años en abrir una puerta al mundo que te rodea, pero si permaneces diligente en tus estudios y fomentas el interés que sientes por la astrología, cuando por fin estés preparado para abrirla, lo harás con una versión pura y descontaminada de ti mismo.

Los signos en dos cúspides

Siempre que hay un signo interceptado, ese mismo signo aparecerá en dos cúspides de casas distintas. Esto, básicamente, ata a las dos casas. Tendrás que trabajar en los problemas de la primera antes de poder rendir frutos en la siguiente casa con el mismo signo. Digamos que tienes el mismo signo en la cúspide de la Duodécima casa y de la Primera. Antes de poder reafirmar la fuerza de identidad de la Primera casa, deberás resolver los problemas de karma que hayas acumulado en la Duodécima. En la Duodécima aprendes que no puedes reivindicarte sin antes ser consciente de las consecuencias que pueden acarrear tus actos.

8

La interpretación
de la carta astral

Al observar tu carta astral con sus planetas, signos, casas y aspectos, podrás ver al instante que hay demasiada información que analizar. La clave de cómo interpretarla es saber priorizar la información. Interpretar una carta astral es el arte de sintetizar la información. Resulta fácil descuidar la información relevante y centrarse en los detalles insignificantes, así que empieza por la perspectiva general. Sí, todo en sí es importante, pero algunas cosas más que otras.

En primer lugar, obsérvala para deducir los problemas dominantes. No los dejes de lado; recuerda que los problemas menos importantes seguirán anclados a los primeros. Busca qué rasgos destacan en la carta astral y vete interpretando lo que resalte sobre ella en general.

La perspectiva general

Lo primero que me gusta hacer cuando interpreto una carta astral es mirarla *grosso modo* para tener una primera impresión del carácter de ella y ver qué temas destacan. Explorar los temas más importantes de una carta astral antes de lanzarte a interpretarla te ayudará a crear el contexto de dicha carta astral a grandes rasgos, y cada uno de los planetas encontrará su forma de expresión en dicho contexto.

El horóscopo es la ciencia dura de la astrología y muestra dónde se encontraban los planetas a la hora de tu nacimiento. En primer lugar, echa un vistazo a la distribución de los planetas sin tener en cuenta sus signos. ¿Se encuentran separados uniformemente por toda la eclíptica o más bien agrupados en áreas específicas? ¿La mayoría de los planetas está sobre el horizonte, lo cual sugiere una vida social sólida? ¿O están sobre todo debajo, lo cual sugiere un énfasis en la vida personal?

El énfasis hemisférico

Otro patrón que puedes buscar en el horóscopo se relaciona con la moral de distanciarse de uno mismo a la hora de involucrarse en relaciones, trabajo, amistades o eventos sociales. Cuando hay planetas que predominan sobre el horizonte de una carta astral, la identidad de la persona se ancla en su trayectoria profesional y en su identidad social.

¿Cómo se llega a la cima de algo? Tienes que querer levantarte y subir hasta la meta. Esto te conducirá a aspiraciones sanas y a la necesidad de alcanzar todo tu potencial.

Bajo el horizonte

El hemisferio inferior de la carta astral lidia con los aspectos personales en lugar de los sociales: tu cuerpo, tus valores, tu casa, tu familia y tu expresión creativa. ¿Cómo haces para llegar hasta el fondo de algo? Te abandonas a ello y te centras en los intereses naturales que mejorarán tu vida personal. A menudo, este énfasis hemisférico indica que eres una persona que tarda en desarrollarse y en madurar puesto que lo que tu cultura y tu sociedad te ofrecen para formar parte de ellas no encaja contigo. Por lo tanto, tendrás que indagar bien adentro en tu interior para descubrir qué es lo que te interesa de forma natural. Será entonces cuando empieces a desarrollarte.

Hemisferios oriental y occidental

Los hemisferios oriental y occidental parecen estar del revés; el hemisferio oriental está en la zona izquierda de la carta astral y el occidental en la derecha. Cuando miras el mapa delante de ti resulta contradictorio. Algo que te ayude a entender por qué está del revés es imaginar que estás tumbado boca arriba mirando las estrellas antes del amanecer, con la cabeza hacia el norte y los pies hacia el sur. En esta posición, ¿por dónde saldrá el Sol: por tu izquierda o por tu derecha? El Sol sale por el este, así que por tu izquierda.

Énfasis del hemisferio izquierdo o hemisferio oriental

Los planetas en el hemisferio oriental o hemisferio izquierdo de una carta astral necesitan iniciativa a la hora de elegir actividades. Cuantos más planetas haya, más iniciativa necesitará la persona para sentirse cómoda.

Énfasis del hemisferio derecho o hemisferio occidental

Los planetas en la zona derecha de la carta astral se ponen en marcha al involucrarse con otros y a través de las diferentes circunstancias que se presentan durante toda la vida. Cuando se produce un énfasis de planetas en el hemisferio derecho la persona encuentra su camino y significado a través de los demás.

Si tus planetas están en la zona derecha de tu carta astral y vas en canoa por el río y te sales de la corriente para dirigirte a un pequeño remolino, te aconsejaría que averigües por qué estás ahí y que consideres la situación y busques a alguien que te ayude. Tal vez conozcas a alguien que te ayude a volver a la corriente o pase algo que no te esperabas; busca pistas de por qué estás ahí.

Por el contrario, si en tu carta astral el lado izquierdo es el dominante y estás en la misma situación con la canoa acercándote a un remolino, el consejo en esta ocasión sería que saques el remo. No esperes a que la gente o la situación te ayuden; utiliza tus propios recursos para volver a la corriente.

El plano energético de la carta astral

El siguiente nivel de interpretación es el plano energético de la carta astral, indicado por la distribución de los planetas a través de los elementos y las modalidades. La mayoría de las cartas astrales generadas por ordenador contienen una tabla que muestra esta distribución, pero tú puedes hacerte la tuya propia. Cuenta cuántos planetas, además del Ascendente, están en cada uno de los cuatro elementos y tres modalidades. Una distribución normal sería ver dos o tres planetas en cada elemento y tres o cuatro en cada modalidad.

¿Hay una distribución equilibrada a través de los elementos y las modalidades que sugiera un equilibrio energético y la capacidad de usar todos los elementos? ¿O la distribución está desequilibrada porque hay un elemento dominante y escasez de otro?

Evalúa la distribución de los planetas a través de las modalidades de la misma manera. ¿La distribución está equilibrada o desequilibrada?

¿A qué nos referimos con el estilo energético de la tabla? Imagina a una persona con el Sol en Cáncer que solo tiene el Sol en un signo de agua y cinco planetas en signos de fuego. Podemos ver que el fuego en esta carta astral influirá mucho en la identidad de Cáncer; le dará entusiasmo, necesitará actividades constantemente, le aportará una energía espiritual muy grande y fortificará el enfoque sensible de la vida propio de una persona Cáncer.

Pero ¿y si una persona con el Sol en Cáncer tiene cinco planetas en signos de agua y ninguno en los de fuego? Veremos cómo destacará el lado sensible, introspectivo y privado de los Cáncer. Ambas son personas con el Sol en Cáncer, pero la distinta distribución elemental revelará dos personalidades muy diferentes.

Analizar el plano energético de la carta astral te dará muchas pistas sobre la personalidad general y la constitución enérgica de una persona.

Después, busca si hay patrones de aspectos mayores en la carta astral. ¿Hay un *stellium*, con cuatro planetas o más en la misma casa o signo? ¿Hay una cuadratura en T, o una gran cuadratura o un gran trígono? Fíjate bien si hay aspectos de planetas exteriores en los planetas personales; ¿son alentadores o desafiantes?

Apéndice 1.

Escribe tu propia astro-historia

Puede resultar muy útil escribir una interpretación básica de tu carta astral para tener toda la información en un único lugar. Rellena los huecos de la siguiente plantilla con tus datos astrológicos. Escribe tu propia astro-historia usando las palabras clave, tanto positivas como negativas, de cada uno de los planetas, signos, casas y aspectos que conforman tu retrato astrológico.

Las palabras clave y los conceptos pueden hallarse en el apéndice dos. Experimenta con las distintas palabras clave hasta encontrar la combinación que más se adecue a ti. Todas las palabras clave apuntan a una temática, así que es perfectamente viable pensar en otras que encajen mejor con tu interpretación.

EL SOL

Mi Sol está en el signo de _____,
que describe mi necesidad emocional de sentirme seguro y
cómodo, cómo me adapto a los cambios y cómo me educo yo
y educo a los demás: (enumera las palabras clave del signo de
tu Sol con las que más te identifiques).

Mi Sol está en el elemento del o de la _____,
que muestra que mi temperamento enérgico es generalmente
(enumera las palabras clave del elemento de tu Sol).

Mi Sol tiene la cualidad de _____,
que describe el modo vigoroso de mi Sol como (enumera las
palabras clave de la cualidad de tu Sol).

Mi Sol está en la _____ casa, que muestra
que encuentro sentido, vitalidad e implicación en (enumera
las palabras clave de la casa de tu Sol que resulten apropiadas
para ti).

Mi Sol se ve afectado favorablemente por _____,
_____ y _____ (aspectos favorables),
que me ayudan de las siguientes formas: (enumera los temas
relacionados con las palabras clave de los planetas que te afecten favorablemente).

La expresión de mi Sol se ve desafiada por _____,
_____ y _____ (aspectos desfavorables) y
podría manifestar dificultades en (enumera ejemplos de los
problemas que experimentas en relación con los temas de las
palabras clave de . esos planetas).

LA LUNA

Mi Luna está en el signo de _____,
que describe mi necesidad emocional de sentirme seguro y
cómodo, cómo me adapto a los cambios y cómo me educo yo
y educo a los demás: (enumera las palabras clave del signo de
la Luna con las que más te identifiques).

Mi Luna está en el elemento del o de la _____,
que describe mi temperamento emocional básico como (enumera las palabras clave del elemento de tu Luna).

Mi Luna tiene la cualidad de _____,
que describe el modo energético en que expreso mis emociones en: (enumera las palabras clave para la cualidad de tu
Luna).

Mi Luna está en la _____ casa, que muestra
que busco seguridad emocional y satisfacción en actividades
relacionadas con (enumera las palabras clave para la casa de tu
Luna con la que más te identifiques).

Mi Luna se ve favorecida por _____,
_____ y _____ (aspectos armoniosos),
que indican que puedo buscar apoyo emocional en (enumera
la lista de temas relacionados con los atributos de los planetas
que te afecten favorablemente).

Mi Luna presenta los aspectos desafiantes de _____,
_____ y _____ (aspectos desfavorables, que
indican que mi bienestar emocional es vulnerable a pruebas de
(enumera los atributos de los temas relacionados con los planetas involucrados).

EL SIGNO ASCENDENTE

Mi signo ascendente es _____,
que describe mi actitud hacia la vida, sobre todo en situaciones nuevas, y con la gente, como (enumera las palabras clave para el signo en tu Ascendente con las que más te identifiques).

MERCURIO

Mi Mercurio está en el signo _____,
que describe la naturaleza de mi mente, mis intereses intelectuales y mi estilo de comunicación como (enumera las palabras clave del signo donde esté tu Mercurio con las que más te identifiques).

Mi Mercurio está en elemento del o de la _____,
que describe mi temperamento intelectual y mi estilo de comunicación más cómodo como (enumera las palabras clave del elemento de tu Mercurio).

Mi Mercurio tiene la cualidad de _____,
que describe la fuerza de la expresión de mi mente y de mi estilo de comunicación como (enumera las palabras clave de la cualidad de tu Mercurio).

Mi Mercurio está en la _____ casa, que indica que mi mente se ve naturalmente atraída a los asuntos concernientes a (enumera las palabras clave para la casa de tu Mercurio).

Mi Mercurio se ve favorecido por _____,
_____ y _____ (aspectos armoniosos), que me dan apoyo intelectual de las siguientes formas: (enumera la lista de temas relacionados con los atributos de los planetas que te afecten favorablemente).

Mi Mercurio presenta los aspectos desafiantes de _____,
_____ y _____ (aspectos desfavorables), y me ponen a prueba de las siguientes formas: (enumera los temas relacionados con los planetas que afecten desfavorablemente a tu Mercurio).

VENUS

Mi Venus está en el signo de _____,
que describe la naturaleza de mis valores, lo que me atrae de
los demás, lo que más disfruto y cómo recibo amor y afecto
como (enumera las palabras clave de tu signo Venus con las
que más te identifiques).

Mi Venus está en el elemento del o de la _____,
que indica cómo expreso mi amor y mi gratitud: (enumera la
lista de palabras clave del elemento de tu Venus).

Mi Venus tiene la cualidad de _____, que
describe la naturaleza vigorosa de mis valores como (enumera
las palabras clave de la cualidad de tu Venus).

Mi Venus está en la _____ casa, que indica
que las actividades que más disfruto y en las que más placer
encuentro están relacionadas con (enumera las palabras clave
de la casa de tu Venus con las que te identifiques).

Mi Venus se ve favorablemente afectado por _____,
_____ y _____ (enumera los aspectos
armoniosos), que muestran que las áreas de la vida en las que
más disfruto son (enumera los temas relacionados con los planetas que te afecten favorablemente).

Mi Venus presenta los aspectos desafiantes de _____,
_____ y _____ (enumera los aspectos
desfavorables), que indican que mis relaciones y mi habilidad
para recibir se ven cuestionadas por (enumera los temas relacionados con los planetas involucrados en los aspectos desfavorables).

MARTE

Mi Marte está en el signo de _____,
que describe la naturaleza de cómo me reafirmo y expreso mi
poder, pasión, ira y motivación personales como (enumera las
palabras clave de tu signo Marte con las que te identifiques).

Mi Marte está en el elemento de _____,
que indica que el modo en que dirijo mi fuerza de voluntad es
(enumera las palabras clave para el elemento de tu Marte).

Mi Marte tiene la cualidad de _____,
que muestra que el modo en que me reivindico y me defiendo
es (enumera las palabras clave para la cualidad de tu Marte).

Mi Marte está en la _____ casa, que indica
que me reafirmo más poderosamente y tiendo a destacar en
asuntos relacionados con (enumera las palabras clave de la
casa de tu Marte con las que te identifiques).

Mi Marte presenta los aspectos favorables de _____,
_____ y _____ (enumera los aspectos
armoniosos para Marte), que indican que puedo contar con el
apoyo de (enumera los temas relacionados con los planetas
involucrados en los aspectos armoniosos).

Mi Marte presenta los aspectos desafiantes de _____,
_____ y _____ (enumera los aspectos
desfavorables para tu Marte), que indican que las posibles
fuentes de frustración e ira en mi vida podrían proceder de
(enumera los temas relacionados con los planetas que conforman estos aspectos estresantes para tu Marte).

JÚPITER

Mi Júpiter está en el signo de _____,
que describe la naturaleza de mi actitud filosófica sobre la
vida, mis objetivos para mejorar la calidad de vida y la naturaleza de mi generosidad como (enumera las palabras clave del
signo de tu Júpiter con las que te identifiques).

Mi Júpiter está en la _____ casa, que indica
que puedo buscar oportunidades y un poquito de suerte en
(enumera las palabras clave para la casa de tu Júpiter con las
que te identifiques).

Mi Júpiter está en el elemento del o de la _____,
que indica que abordo las metas y las oportunidades para crecer a través de (enumera las palabras clave para el elemento de
tu Júpiter).

Mi Júpiter tiene la cualidad de _____,
que muestra el tipo de energía con el que abordo las metas es
(enumera las palabras clave para la cualidad de tu Júpiter).

Mi Júpiter conforma aspectos alentadores con _____,
_____ y _____ (aspectos armoniosos para
tu Júpiter), así que puedo buscar apoyo para expandir y realzar
mis metas en la vida en (enumera los temas relacionados con
los planetas que afecten a tu Júpiter de forma armoniosa).

Mi Júpiter presenta los aspectos desafiantes de _____,
_____ y _____ (enumera los aspectos desfa-
vorables de Júpiter), que muestran que mis intentos de crecer,
expandir y mejorar mi vida podrían verse cuestionados por
(enumera los temas de los planetas que afecten negativamente
a tu Júpiter).

SATURNO

Mi Saturno está en el signo de _____,
que describe la naturaleza de los miedos, inseguridades y dudas que he de dominar para poder triunfar a largo plazo en mi vida; cómo debo llevar a cabo las responsabilidades y en qué áreas debo practicar un autocontrol disciplinado para evitar dificultades como (enumera las palabras clave en el signo de tu Saturno con las que te identifiques).

Mi Saturno está en la _____ casa, que indica que debo superar las limitaciones y las restricciones a través de la perseverancia y la disciplina en materias relacionadas con (enumera las palabras clave de la casa de tu Saturno con las que te identifiques).

Mi Saturno está en el elemento del o de la _____, que muestra que me enfrento a los desafíos y a las dificultades (enumera las palabras clave del elemento de tu Saturno).

Mi Saturno tiene la cualidad de _____, que muestra que mi método por defecto a la hora de gestionar la presión y las responsabilidades es _____ (enumera las palabras clave para la cualidad de tu Saturno).

Mi Saturno presenta los aspectos desafiantes de _____, _____ y _____ (enumera los aspectos desfavorables de Saturno), que indican que soy vulnerable a los desafíos de (enumera las áreas relacionadas con los temas de esos planetas que podrían resultar problemáticas y que requieren una precaución adicional).

Mi Saturno presenta los aspectos alentadores de _____, _____ y _____ (enumera los aspectos armoniosos de Saturno), que indican que las áreas de mi vida en las que no debería haber ningún tipo de problema son (enumera las áreas relacionadas con los temas de estos planetas que pueden responder bien a la autodisciplina y que no causarán problemas).

Los planetas exteriores

Es importante recordar que la influencia de los signos de los tres planetas exteriores (Urano, Neptuno y Plutón) se extiende por todo el colectivo y, por lo tanto, la ubicación de las casas de estos tres planetas será donde tengan mayor impacto en la vida individual de una persona.

URANO

Mi Urano está en la _____ casa, que indica que busco libertad e independencia en la forma estructurada que tengo de hacer las cosas y me rebelo contra las restricciones y las limitaciones en materias relacionadas con (enumera las palabras clave de la casa de tu Urano con las que te identifiques).

Mi Urano está en el signo de _____, que describe el modo en que expreso mi individualidad y me libero de las convenciones y los protocolos socialmente establecidos como (enumera las palabras clave del signo de tu Urano con las que más te identifiques).

Mi Urano presenta lo aspectos desafiantes de _____, _____ y _____ (enumera los aspectos desfavorables de Urano), que indican que mi actitud independiente puede causarme problemas con (enumera los temas relacionados a esos planetas que te afecten de forma negativa).

Mi Urano presenta los aspectos alentadores de _____, _____ y _____ (enumera los aspectos armoniosos de Urano), que muestran que las áreas de mi vida que pueden apoyar mis ideas más innovadoras son (enumera los temas relacionados a esos planetas).

NEPTUNO

Mi Neptuno está en la _____ casa, que indica que busco experiencias trascendentales e idealistas, ya sean favorables a través de actividades inspiradoras o desfavorables a través del escapismo, en materias relacionadas con (enumera las palabras clave de la casa de tu Neptuno con las que más te identifiques).

Mi Neptuno está en el signo de _____, que describe la forma en la que todos experimentamos el idealismo en un plazo de catorce años, ya sea en un sentido visionario o a través de delirios, como (enumera las palabras clave del signo de tu Neptuno con las que más te identifiques).

Mi Neptuno presenta los aspectos desafiantes de _____, _____ y _____ (enumera los aspectos desfavorables de Neptuno), que indican que soy propenso a los puntos ciegos y a las fantasías en temas como (enumera los temas relacionados con los planetas involucrados).

Mi Neptuno presenta los aspectos favorables de _____, _____ y _____ (enumera los aspectos armoniosos de Neptuno), que indican que puedo hallar inspiración en (enumera los temas relacionados a los planetas involucrados).

PLUTÓN

Mi Plutón está en la _____ casa, que describe cómo podría atravesar malas rachas obligándome a deshacerme de antiguas formas de ser y a convertirme en el propósito de mi alma en materias relacionadas con (enumera las palabras clave de la casa de tu Plutón con las que más te identificas).

Mi Plutón está en el signo de _____, que indica que mi generación tiene una necesidad compulsiva de revelar y transformar lo oculto, el lado oculto de (enumera las palabras clave del signo de tu Plutón con las que más te identifiques).

Mi Plutón presenta los aspectos desafiantes de _____, _____ y _____ (enumera los aspectos desfavorables de Plutón), que muestran que me he sentido más amenazado con cuestiones relacionadas con (enumera los temas relacionados con los planetas involucrados).

Mi Plutón presenta los aspectos favorables de _____, _____ y _____ (enumera los aspectos armoniosos de Plutón), que me aporta un buen karma y grandes reservas de energía rejuvenecedora con (enumera los temas relacionados con los planetas en los aspectos armoniosos).

QUIRÓN

Mi Quirón está en el signo de _____,
que muestra que la naturaleza de las heridas de mi infancia
que condujo a la cicatrización está en los temas relacionados
con (enumera las palabras clave del signo de tu Quirón).

Mi Quirón está en la _____ casa, que indica
que el área de mi vida donde he sufrido graves heridas durante las primeras etapas de la niñez de las cuales me he curado y
que ahora pueden ayudar a otros está en los temas relacionados con (enumera las palabras clave de la casa de tu Quirón
con las que más te identifiques).

EL NODO NORTE

Mi Nodo Norte está en el signo de _____,
que muestra que las cualidades que necesito desarrollar para el
crecimiento del alma en esta vida son (enumera las palabras
clave para el signo de tu Nodo Norte con las que más te identifiques).

Mi Nodo Norte está en la _____ casa,
que indica que puedo cultivar el alma en materias relacionadas
con (enumera las palabras clave para la casa de tu Nodo Norte con las que más te identifiques).

EL NODO SUR

Mi Nodo Sur está en el signo de _____,
que muestra que los patrones de comportamiento de mi vida
pasada y que necesito superar en esta vida están relacionados
con (enumera las palabras clave para el signo de tu Nodo Sur
con las que más te identifiques).

Mi Nodo Sur está en la _____ casa,
que indica que atraigo a la gente y a las experiencias que tienden a llevarme al pasado en materias relacionadas con (enumera las palabras clave para la casa de tu Nodo Sur con las que
más te identifiques).

Apéndice 2.
Las palabras clave
de la astrología

Las siguientes listas y tablas ofrecen palabras clave, conceptos y temas para los signos, los elementos, las cualidades, los planetas, las casas y los aspectos. Consulta estas palabras clave mientras completas tu astro-historia (en el apéndice 1). Prueba con distintas palabras clave hasta encontrar las más apropiadas para ti.

Las palabras clave de los signos

Expresiones positivas de Aries: activo, aventurero, independiente, pionero, emprendedor, seguro de sí mismo, entusiasta, espontáneo, enérgico, innovador, liderazgo, instintivo, asertivo, valiente, directo, osado.

Expresiones negativas de Aries: egocéntrico, egoísta, dominante, impaciente, inquieto, imprudente, impetuoso, exigente, grosero, abusón, empezar proyectos y no acabarlos, atrevido, combativo, insensible, impulsivo.

Expresiones positivas de Tauro: cariñoso, artista, cuidadoso, conservador, decidido, experto, perseverante, paciente, deliberado, sensato, sentido común, riguroso, duradero, fiable, predecible, productivo, sensual, sólido, seguro, habilidoso, firme.

Expresiones negativas de Tauro: obstinado, terco, inercia, aburrido, atascado en la rutina, demasiado práctico para su propio bien, pesado, posesivo, se resiste al cambio, avaro, materialista, vago.

Expresiones positivas de Géminis: adaptable, alegre, inteligente, alerta, mentalmente ágil, polifacético, multifuncional, buen comunicador, espabilado, trabajador en equipo, sociable, versátil, instruido, curioso, amante del aprendizaje, inquisitivo, intereses eclécticos.

Expresiones negativas de Géminis: voluble, inconsistente, cotilla, nervioso, no confiable, entrometido, astuto, hipócrita, falso, evasivo, disperso, inquieto, superficial.

Expresiones positivas de Cáncer: cuidador, familiar, persona que apoya, que consuela, tierno, empático, sentimental, compasivo, de buena memoria, casero, tenaz, amable, callado, reflexivo, maternal, intuitivo, sensible, vulnerable.

Expresiones negativas de Cáncer: malhumorado, quisquilloso, inseguro, demasiado cauto, taciturno, empalagoso, a la defensiva, sobreprotector, hosco, asfixiante.

Expresiones positivas de Leo: cálido, cariñoso, bromista, amante de la diversión, tenaz, creativo, afectuoso, leal, líder, solemne, magnánimo, alegre, entusiasta, infantil, decidido, entretenido, amable, enérgico, generoso, fiable, majestuoso, vital, contento.

Expresiones negativas de Leo: perezoso, grandilocuente, ruidoso, egoísta, egocéntrico, mandón, engreído, orgulloso, fanfarrón, esnob, dominante, implacable, exagerado, terco, pomposo, creído, teatrero.

Expresiones positivas de Virgo: analítico, versátil, perfeccionista, sensible, ordenado, observador, astuto, organizado, preciso, cuidadoso, entendido, productivo, útil, servil, considerado, meticuloso, perceptivo, humilde, reservado, efectivo, escrupuloso, impecable, puro, trabajador, modesto.

Expresiones negativas de Virgo: quisquilloso, negativo, excesivamente crítico, exigente, preocupante, hipersensible, cerrado, cínico, meticuloso, escéptico, con la autoestima baja, muy nervioso.

Expresiones positivas de Libra: cooperativo, encantador, armonioso socialmente, diplomático, justo, negociaciones en las que se gana siempre, experiencias compartidas, flexible, sociable, estéticamente refinado, artístico, equilibrio, razonable, oyente hábil, simpático, agradable, amable, educado, considerado, elegante, estiloso, pacífico.

Expresiones negativas de Libra: indeciso, persona que procrastina, complaciente, dependiente, se compromete con demasiada facilidad, superficial, demasiado centrado en la apariencia, pasivo, dubitativo, en busca de estatus.

Expresiones positivas de Escorpio: observador, carismático, perspicaz, entusiasta, privado, apasionado, profundo, motivado, tenaz, reformado, regenerador, misterioso, intenso, intuitivo, detecta las mentiras al vuelo, psicológico, íntimo.

Expresiones negativas de Escorpio: desconfiado, obsesivo, taciturno, celoso, vengativo, resentimiento, rencor, sigiloso, cruel, controlador, manipulador, posesivo, miedo a ser vulnerable, emocionalmente obsesionado.

Expresiones positivas de Sagitario: aventurero, explorador, viajero, optimista, jovial, buscador de la verdad, de principios, alegre, tolerante, directo, honesto, bien educado, cosmopolita, entusiasta, integral, amante del aire libre, filosófico, idealista, de buen humor, orientado al futuro, tolerante.

Expresiones negativas de Sagitario: directo, sin pelos en la lengua, creído, moralista, arrogante, escandaloso, indulgente, voluble, inconsistente, crédulo, extravagante, exagerado, pretencioso, bromista, persona que generaliza, imprudente, insensible, inquieto, poco fiable.

Expresiones positivas de Capricornio: organizado, pulcro, conservador, convencional, decidido, paciente, concentrado, productivo, en busca de logros, ambicioso, práctico, consistente, sensato, realista, sensual, proveedor, prudente, cauto, disciplinado, puntual, fiable, solemne, respetable, orientado a su trabajo, trabajador, sensato, ingenioso.

Expresiones negativas de Capricornio: cerrado, pesimista, cruel, demasiado práctico, extremadamente cauto, tacaño, arribista, en busca de estatus, adusto, insensible, trabajador constante.

Expresiones positivas de Acuario: innovador, activista social, progresista, forma la comunidad, voluntario, listo, intelectual, inteligente, intuitivo, piensa en el futuro, objetivo, original, extrovertido, amante de la libertad, independiente, amistoso, humanitario, altruista, librepensador, ingenioso, científico.

Expresiones negativas de Acuario: insatisfecho, rebelde, frío, distante, solitario, excéntrico, falta de compasión, errático, obstinado, extremista, paradójico, fanático, inflexible, insensible, impasible.

Expresiones positivas de Piscis: compasivo, sensible, misterioso, enternecedor, versátil, soñador, creativo, oyente receptivo, empático, reflexivo, gentil, variable, idealista, imaginativo, amable, cariñoso, perdona fácilmente, solidaridad.

Expresiones negativas de Piscis: mártir, autocompasión, sacrificio, confundido, malhumorado, engaño, ilusiones, confusión, vago, evasivo, hipersensible, escapista, sacrificado, se le impresiona fácilmente, dependencia.

Las palabras clave de los elementos

Fuego: entusiasta, enérgico, espontáneo, ardiente, intenso, estimulante, inspirador, creativo, motivado, confiado, independiente, idealista, optimista, subjetivo, impulsivo, motivador.

Falta de fuego: pesimista, apático, distante, deprimido, desmotivado, no se entusiasma, perezoso.

Tierra: práctico, materialista, sensato, cauto con la seguridad, realista, productivo, metódico, exigente, riguroso, ordenado, paciente, persistente, perseverante, fiable, estable.

Falta de tierra: poco práctico, desordenado, improductivo, inestable, descentrado.

Aire: intelectual, inquisitivo, que conceptualiza, que sintetiza, observador, objetivo, imparcial, ingenuo, indeciso, charlatán, interactivo, cooperador.

Falta de aire: subjetivo, incoherente, aislado, simple, intereses específicos de aprendizaje.

Agua: sensible, sentimental, empático, receptivo, educador, protector, reservado, personal, fluido, intuitivo, imaginativo, pasivo, malhumorado, vulnerable, dependiente.

Falta de agua: controlado, cerrado, indiferente, impersonal, inseguro, capacidad de no inmiscuirse en las emociones de los demás.

Las palabras clave de las cualidades

Cardinal: activo, involucrado, inquieto, enérgico, ocupado, motivado, ambicioso, oportunista, cumplir objetivos.

Falta de cardinal: complaciente, distante, sin ambición, no inicia las cosas.

Fija: decidido, significativo, persistente, terco, inflexible, poderoso, tenaz, lento, deliberado.

Falta de fija: indeciso, falta de apoyo, incapaz de defenderse a sí mismo, insípido.

Mutable: flexible, versátil, variable, agradable, caprichoso, inquieto, indeciso, influenciable fácilmente, servil.

Falta de mutable: intransigente, inflexible, dificultad con los cambios.

Las palabras clave de los planetas

Expresiones positivas del Sol: identidad de base, fuerza vital, confianza, voluntad, propósito, ego sano, luz, calidez, independiente, creativo, seguro de sí mismo, consciente, expresivo, conservador.

Expresiones negativas del Sol: ególatra, egoísta, orgulloso, arrogante, dominante, distante, busca la atención de los demás.

Expresiones positivas de la Luna: capacidad de educarse a sí mismo y a los demás, saber las necesidades que tiene respecto a la seguridad emocional y cómo satisfacerlas, ser lo suficientemente seguro de sí mismo como para adaptarse a los cambios de la vida, empático y sensible a las necesidades emocionales de la gente, capaz de sentirse cómodo en el papel de persona de apoyo, flexible, sensible.

Expresiones negativas de la Luna: malhumorado, hipersensible, inconsistente, dependiente de que la gente le oriente, soporta el bagaje emocional de los demás, falta de dirección.

Expresiones positivas de Mercurio: elocuente, articulado, capacidad de comunicar lo que piensa además de escuchar y comprender a los demás, mantener el interés por aprender a lo largo de la vida, capacidad de comunicación y aprendizaje del idioma, enseñanza, transferencia de idea, percepciones astutas, contactos, destreza, humor, agilidad mental, persuasivo, hablar en público, escribir, debate.

Expresiones negativas de Mercurio: voluble, caprichoso, nervioso, cotilla, indeciso, preocupante, excesivamente analítico, falta de interés por aprender, habilidades de comunicación escasas, inquieto, engañoso, amaño.

Expresiones positivas de Venus: la capacidad de recibir amor y apreciar la belleza, artístico, encantador, magnético, social, gustos refinados, estiloso, capacidad de disfrutar de la vida, cooperador, relaciones armoniosas, capacidad de expresar amor y amabilidad, refinado, buen gusto, proveedor de la belleza en el mundo.

Expresiones negativas de Venus: autocomplaciente, superficial, demasiado centrado en la sensualidad, indolente, frívolo, vago, despreocupado, en busca del placer, celoso, demasiado apego, dependiente.

Expresiones positivas de Marte: directo, valiente, emprendedor, perseverante, estratega, dinámico, activo, enérgico, consumado, motivado, capaz de reafirmarse y pasar a la acción con lo que le apasiona sin hacer daño al resto, valiente a la hora de defenderse a sí mismo y al resto.

Expresiones negativas de Marte: impaciente, agresivo, contencioso, demasiado competitivo, impulsivo, insensible a las necesidades de los demás, grosero, desea ganar a toda costa, se cabrea fácilmente, irritable, imprudente, dominante, cínico, severo, cruel, borde, bruto.

Expresiones positivas de Júpiter: en busca de la verdad, filosofía, religión, conocimiento, profesor, viaje y aventura, integral, generoso, perspectiva filosófica positiva con respecto a la vida, se interesa por los asuntos internacionales y étnicos, supera la preferencia y los prejuicios.

Expresiones negativas de Júpiter: se excede, vago, derrochador, ruidoso, indulgente, creído, exageración, demasiado generoso, crea juicios erróneos por ser demasiado optimista, pomposo, avaro, fanfarrón, dogmático.

Expresiones positivas de Saturno: anclado a la realidad, objetivos a corto plazo, disciplina, determinación, se superan los obstáculos con el trabajo duro, éxito, logros, capacidad de manejar las responsabilidades, diligente, perseverante, fiable, responsable en cuanto a los compromisos, capacidad de establecer el orden y la estructura en la vida.

Expresiones negativas de Saturno: inhibición, temeroso, ansiedad, limitaciones iniciales, retrasos, neurótico con las reglas, insensible, crítico, adusto, pesimista, severo, cohibido, rígido, fuerte, desconsiderado con la sensibilidad emocional de los demás, mira el lado negativo de las cosas, perspectiva deprimente de la vida, demasiado controlador, devoción por las normas sobre cómo se supone que son las cosas.

Expresiones positivas de Urano: conceptos nuevos y radicales, despertar de facetas nuevas, destellos de genialidad, distanciamiento del pasado, evolución, innovación, inventiva, avances, activismo social, intuición, altruismo, originalidad, independiente, progresivo, innovador en las nuevas tecnologías, pionero, genialidad, individualidad.

Expresiones negativas de Urano: anarquía, creencias fanáticas, ataque de nervios, anormal, conducta desviada, errático, poco fiable, rebelde, impredecible, distante, poco convencional, rebelarse contra las reglas y la autoridad, forastero, inconformista.

Expresiones positivas de Neptuno: inspirador, idealista, visionario, artístico, sensible, leal, compasivo, empático, extraordinario, sacrificado, consciente, acceso a fuentes creativas y espirituales, sueños, iluminación, clemencia, películas, poesía, obras de teatro, misterioso, paranormal.

Expresiones negativas de Neptuno: espejismo, engaño, escapismo, candidez, culpa, miedos imaginarios, sensibilidad medioambiental extrema, adicción, sacrificio, exceso de fantasías, punto muerto, confusión, hipersensibilidad, engañoso, evasión, vergüenza, sentirse indigno.

Expresiones positivas de Plutón: transformador, intenso, penetrante, comportamiento convincente, pasión por la vida, influyente, capacidad de mantener un puesto influyente y de poder, rendirse a un poder superior, alineado con el propósito del alma.

Expresiones negativas de Plutón: controlador, manipulador, conducta inconsciente, intimidación, conducta destructiva, engañoso, actividad criminal, abuso de poder, corrupción, sospechoso, mórbido, reprimido, implacable, obsesionado por los problemas.

Expresiones positivas de Quirón: enseñar y sanar por experiencia, guía, sabiduría, técnicas de sanación alternativas, heridas sagradas que conducen a la sanación y al destino de la persona.

Expresiones negativas de Quirón: apego a las heridas, víctima, incapacidad de alcanzar la sanación.

Expresiones positivas del Nodo Sur: capacidades y talentos innatos que realzan el camino del Nodo Norte, conexiones familiares del alma de tus vidas pasadas con los demás.

Expresiones negativas del Nodo Sur: quedarte anclado en el pasado, patrones emocionales por defecto que tiran de ti, decidir el camino que se te resiste menos.

Expresiones positivas del Nodo Norte: el camino del crecimiento del alma, el camino que atrae el apoyo cósmico para tu crecimiento.

Expresiones negativas del Nodo Norte: el camino que evitas debido a la falta de familiaridad.

Las palabras clave de las casas

Primera casa: uno mismo, identidad, el cuerpo, apariencia, aproximación a la vida, primeras impresiones, comienzos.

Segunda casa: recursos personales, dinero, habilidades, ingresos, seguridad, autoestima, valores, posesiones, prioridades, ética del trabajo.

Tercera casa: hermanos, la mente, pensamiento, comunicación, vecinos, educación temprana.

Cuarta casa: hogar, raíces, familia, base, cuidar de uno mismo.

Quinta casa: niños, romance, expresión creativa, entretenimiento, juegos, fertilidad.

Sexta casa: trabajo, salud, rutinas diarias, empleados, mascotas, sentirse útil, mentores, análisis autocrítico para mejorar.

Séptima casa: relaciones, sociedades, contratos, acuerdos, negociaciones, aproximación a los demás.

Octava casa: fusionarse con otra persona, sexo, intimidad, inversiones y negocios, impuestos, préstamos, herencias, psicología profunda, heridas ocultas.

Novena casa: viajar, educación superior, religión, filosofía, política, las enseñanzas y los maestros en el camino, las creencias, la ética cultural.

Décima casa: carrera, profesión, aspiraciones, objetivos a largo plazo, figuras autoritarias, estatus, reputación, imagen pública.

Undécima casa: amigos, grupos, comunidad, preocupaciones y causas sociales grandes, esperanzas y deseos para el futuro.

Duodécima casa: espiritual, consciencia, karma, finales, entre bambalinas, perdición de uno mismo.

Las palabras clave de los aspectos

Conjunción: combina y mezcla a los planetas involucrados para las expresiones positivas o negativas. De su unión nacerá algo.

Sextil: los planetas se realzan unos a otros de forma armoniosa y se estimulan creativamente.

Expresiones positivas de la cuadratura: motivadores, ambiciosos, transforman la frustración en determinación, se centran en la actividad para resolver el problema.

Expresiones negativas de la cuadratura: ira, irritación, frustración, sentirse bloqueado.

Expresiones positivas del trígono: alentador, armonioso, creativo.

Expresiones negativas del trígono: falta de motivación que tal vez cree estrés.

Expresiones positivas del quincuncio: hacer los cambios necesarios para resolver los problemas presuntamente irresolubles que presenta el quincuncio. «Déjalo estar» es útil para los problemas que la mente no puede resolver.

Expresiones negativas del quincuncio: pensamientos en bucle: dar vueltas a los mismos pensamientos problemáticos una y otra vez.

Expresiones positivas de la oposición: cooperación con las fuerzas opuestas, el tipo de pensamiento de «Eso y eso otro también». Aceptar la paradoja de las perspectivas opuestas para encontrar los puntos en común.

Expresiones negativas de la oposición: dificultades en relaciones, el tipo de pensamiento «Esto contra lo otro», disgustos internos, vacilación, sentirse dividido por las fuerzas opuestas, sentir que se oponen constantemente mediante opiniones de las que te tienes que defender.

Glosario

Ángulos: El Ascendente, el Medio Cielo (MC), Descendente, y el IC (*Imum Coeli*, o Fondo del Cielo).

Ascendente: La cúspide de la Primera casa; cómo te proyectas a la vida y abordas nuevas situaciones; tu imagen pública.

Aspecto: La relación geométrica entre dos o más planetas.

Casa: Una de las doce partes en las que se divide el horóscopo. Cada una rige un área diferente de la vida. La casa es *donde* la acción tiene lugar.

Conjunción: Un aspecto mayor de dos o más planetas que están entre 0 y 10 grados los unos de otros, que funden, combinan y unen sendas energías planetarias.

Cuadrantes: El horóscopo se divide en cuatro cuadrantes con tres casas cada uno.

Cuadratura en T: Un aspecto conformado por una oposición, y ambos planetas forman una cuadratura con respecto a un tercer planeta, que da como resultado un triángulo rectángulo.

Cualidad: Los doce signos se dividen en tres cualidades en cuanto a la expresión de la energía: cardinal, fija y mutable.

Cúspide: El grado del signo que es el inicio de una casa. La cúspide es la *puerta* a las actividades relacionadas a la casa.

Descendente: La cúspide de la Séptima casa y uno de los cuatro ángulos que representan cómo abordas las relaciones significativas.

Elemento: Cada uno de los doce signos pertenece a uno de los cuatro elementos: fuego, tierra, aire y agua; hay tres signos en cada elemento.

Glifo: Un símbolo usado para representar un planeta, un signo o un aspecto.

Grado: El zodiaco es un círculo de 360 grados con doce signos de 30 grados cada uno. El grado indica dónde está ubicado un planeta o la cúspide de una casa dentro de los 30 grados de un signo.

Gran cuadratura: Dos conjuntos de planetas opuestos conectados por cuadrados en ángulo recto (90 grados); también se la conoce como la gran cruz cardinal.

Gran trígono: Un aspecto mayor que involucra a tres o más planetas, cada uno en un trígono de 120 grados el uno del otro.

Hemisferio: Las cuatro secciones importantes del horóscopo: arriba, abajo, izquierda y derecha.

IC (Imum Coeli): La cúspide de la Cuarta casa y uno de los cuatro ángulos del eclíptico; representa los asuntos relacionados con el hogar, la casa, la familia y a dónde pertenecemos.

Inconjunto: Véase *quincuncio*.

Lumbreras: El Sol y la Luna, a diferencia de los demás planetas.

Luna llena: La luna llena ocurre cada 28 días y es cuando el Sol y la Luna están exactamente en lados opuestos, a 180 grados el uno de la otra.

Luna nueva: Cuando el Sol y la Luna están en el mismo grado de un mismo signo y dan comienzo a un nuevo ciclo juntos.

Medio Cielo: La cúspide de la Décima casa; el ángulo en la cima de la carta astral; representa las aspiraciones, la carrera profesional y el estatus público.

Nodo Norte: Representa el camino que recorrer para el crecimiento del alma en esta vida.

Nodo Sur: Representa lo que te has traído contigo de tus encarnaciones previas; el sendero de menos resistencia, pero no de crecimiento.

Oposición: Un aspecto mayor donde dos o más planetas se encuentran exactamente a 180 grados el uno del otro; se presentan problemas de polaridad que deben ser resueltos para hallar la afinidad.

Orbe: La distancia permisible que separa un aspecto exacto sigue pudiendo influir. Cuanto más cerca esté el orbe, mayor será la influencia.

Polaridades: Los doce signos del zodiaco están agrupados en seis parejas de signos opuestos el uno del otro en la eclíptica.

Quincuncio: Un aspecto formado entre dos planetas separados por 150 grados. Los planetas en quincuncio pueden presentar «problemas aparentemente irresolubles» que requieren que llevemos a cabo cambios en nosotros mismos.

Quirón: Un planetoide entre las órbitas de Saturno y Urano, conocido como el «sanador de heridas».

Regente: Cada planeta tiene afinidad por un signo en particular, donde presenta la mayor influencia, y se dice que es el *regente* de ese signo.

Retrógrado: Cuando un planeta parece estar moviéndose hacia atrás, internalizando su expresión.

Sextil: Un aspecto mayor formado cuando dos o más planetas están a 60 grados el uno del otro, realzando el potencial creativo de ambos.

Signo interceptado: Un signo que está en su totalidad dentro de una casa y, por lo tanto, no en la cúspide.

Stellium: Cuatro o más planetas en un signo o casa específicos.

Trígono: Un aspecto formado entre dos planetas que están a 120 grados. Al trígono se lo conoce como el aspecto más armonioso entre los planetas.

Lecturas recomendadas

Páginas web gratuitas para calcular la carta astral: Astrodienst (astro.com) y Astrolabe (alabe.com).

ARROYO, S.; & Goldsmidt, G. (2003). *Astrología, karma y transformación: La dimensiones interiores del mapa natal [Astrology, karma and transformation: The inner dimensions of the birth chart].* (7 Tra ed.). Kier Editorial.

ARROYO, S.; & Goldsmidt, G. (2005). *Astrología, psicología y los cuatro elementos [Astrology, psychology and the four elements].* Kier Editorial.

BOGART, G. C. (1994). *Astrology and spiritual awakening* (1.ª ed.). Berkeley: Dawn Mountain Press.

CASEY, C. W. (1998). *Making the gods work for you: The astrological language of the psyche* (1.ª ed.). Nueva York: Harmony Books.

FORREST, S. (2001). *The inner sky.* San Diego: Seven Paws Press.

GREENE, L. (1978). *Relating: An astrological guide to living with others on a small planet.* San Diego: Weiser Books.

HAND, R. (1981). *Horoscope Symbols.* Atglen: Whitford Press.

MARKS, T. (1985). *The astrology of self-discovery.* Reno: CRCS.

POND, D. (2017). *Astrology and relationships: Simple ways to improve your relationships with anyone.* (Edición revisada). Woodbury: Llewellyn Publications.

ROGERS-GALLAGHER, K. (1995). *Astrology for the light side of the brain.* Boulder: ACS.

RUDHYAR, D. (1967). *The lunation cycle: A key to the understanding of personality by Dane Rudhyar.* Boulder: Shambhala Publications.

SPILLER, J. (1997). *Astrology for the soul.* Nueva York: Bantam Books.

Para contactar con el autor

Si deseas contactar con el autor o te gustaría recibir más información sobre este libro, ponte en contacto con el autor, que forma parte de Llewellyn Worldwide, y nosotros le remitiremos tu petición. Tanto el autor como la editorial agradecerían que te pusieses en contacto con ellos y les transmitieses que has disfrutado de este libro y de qué manera te ha ayudado. Llewellyn Worldwide no garantiza que todas las cartas que se le escriban al autor reciban respuesta, pero sí que se le remitirán todas. Escribe a:

DAVID POND
a/c Llewellyn Worldwide
2143 Wooddale Drive
Woodbury, Minesota 55125.2989
Por favor, incluya un sobre franqueado para
la respuesta o un dólar para cubrir los costes.
Si reside fuera de Estados Unidos, incluya
un sobre para el envío internacional.

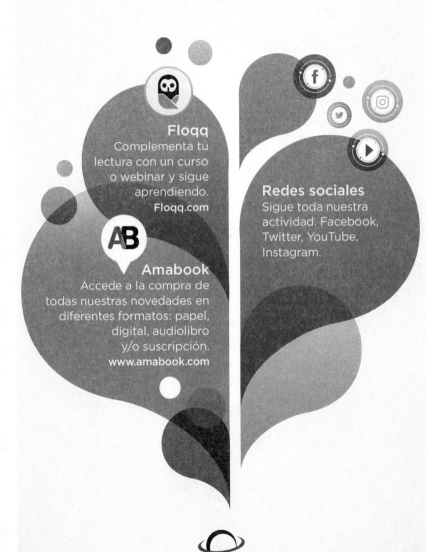